从附属到独立

——从女权思想进化之路看女性自由之路

张继萍 师少华 李世民 编著

内 蒙 古 出 版 集 团

内蒙古科学技术出版社

图书在版编目（CIP）数据

从附属到独立：从女权思想进化之路看女性自由之
路／张继萍，师少华，李世民编著. —赤峰：内蒙古
科学技术出版社，2014. 12（2022.1重印）

ISBN 978-7-5380-2503-3

Ⅰ. ①从…　Ⅱ. ①张…②师…③李…　Ⅲ. ①女权运
动—思想史—研究—世界　Ⅳ. ①D441.9

中国版本图书馆CIP数据核字（2014）第305500号

出版发行：内蒙古出版集团　内蒙古科学技术出版社
地　　址：赤峰市红山区哈达街南一段4号
邮　　编：024000
邮购电话：（0476）5888903
网　　址：www.nm-kj.cn
责任编辑：张文娟
封面设计：阳光工作室
印　　刷：三河市华东印刷有限公司
字　　数：200千
开　　本：787×1092　1/16
印　　张：11
版　　次：2014年12月第1版
印　　次：2022年1月第3次印刷
定　　价：58.00元

模糊的记忆，心有千千结

作为一名教师，每次看到教室里的女孩子，可以和身边的男孩子一样，自由地享受教育，自由地呼吸，心中总可以升起一种莫名的感动，我为女孩子的今天感到骄傲和满足。看着女孩子们可以自由地选择自己的专业、职业，勇敢地把握自己的未来，心中都会为她们加油、呐喊。每每看到这样的场景，都让我回想起自己的童年。我出生在一个非常典型的传统中国家庭，地主家庭出身的奶奶对我们姐妹有一套严苛的规矩，女孩子不可以和客人在一张桌子上吃饭，女孩子不可以出门和朋友们玩耍，女孩子不可以大声说话，女孩子不可以把衣服弄脏、头发弄乱，女孩子不可以……就这样，从遥远而又懵懂的记忆开始，"女孩子不可以随便做一件事情"、"你不是男孩子，只有男孩子可以"等等这些话语，无形中就成了我的人生座右铭。奶奶和长辈们的叮咛，似乎都在提醒我，这是一个男孩子可以随心所欲生活的世界，身为女儿身，只能服从这个世界的规矩，从那时起，我就莫名地羡慕男孩子的自由，也有了"自己如果是男孩子多好"的幻想。

现在回想起来，那个年代的女孩子，都是在和男孩子相比较的岁月中走来，"女孩子不如男孩子"、"男尊女卑"代表了整整几代人的思想模式。身为女儿身的岁月，就是在"如果是男孩多好"这样的希望和幻想中度过的。更可笑的是，自己居然时不时地希望可以像动画片里那样变身，"如果可以成为男孩子，那世界就是我的了"，现在回想起当时的幼稚想法，多了一层说不出的悲凉，这个世界难道生来就是男人的吗？如果如此，又何必创造女人呢？女人当真不如男人吗？

待到成年后，也会经常有这样的疑问，"我是不是找一个好男人嫁了啊，然后为他和孩子奉献自己的青春"，"进入社会，和那么多的男性一起竞争和工作，我可以吗"，"如果我一直从事自己的工作，直到升到一个很高的位置，还会嫁得出去吗"，"如果我的老公好多年后不再爱我了，我该怎么办"……诸如此类的想法在女大学生中间，实在太普遍、太平常了。正在接受高等教育的女性尚且如此，更可以想象那些初中、高中辍学的女孩子，似乎这个世界的一切都是围绕着男性转动，他们是世界的主宰、世界的未来，女人只不过是他们成功路上的背影、支持力量，因此我不禁要问，女性真的没有自己的意识吗？女性生来就像蜘蛛网一样，只能依附男人才可以获得幸福吗？女人的幸福需要由男人来衡量吗？

幸运的是，我的研究生论文是关于女性文学的，经过相关学习后，我终于明白了女性为什么会有这样的想法，这一切都是社会——一个男权社会所赋予女性的；女性现在可以自由学习、自由做决定，这一切的一切的代价，都实在太高，这条路走来，实在艰辛不易。多少国内外的女性同胞，用自己的呐喊和抗争，甚至是鲜血和生命，奋战几个世纪，才给我们带来今天的自由！不知道历史就是否定自己，回首一望，儿时记忆里的"女儿身不行"这道千古铸就的铁律，实际是建立在对女性的完全漠视和压迫的基础上的，而中国女性在默默中，承受了多少的委屈和泪水。

和过去相比较，女性确实获得了很多的自由和权利，可以拥有自己的事业，可以自由恋爱，但是，诸如"玻璃瓶颈"、"生育即是下岗"之类的限制仍然存在，如何在这个男性依旧占主导的世界里寻得自己的空间，是本书将要探讨和分析的问题，相信只有那些始终保持自由自主心态的女性，才可以活得更加精彩。

本人把自己的想法付诸此书的目的并不是想引发男性和女性之间的矛盾，或者让女性鄙视男性。回顾历史的目的就是让现在的人看清自己的本质，把握未来的方向，不走弯路。在新的世纪，男女应该处于平等、和谐的相处模式中，男性可以有"女性"的行为和心理，比如，非暴力、关心他人的内心感受、主动分担家务等，同样，女性也可以有"男性"的行为和心理，比如，独立、坚强、自己做决定等。换言之，这个世界由男性和女性共同构成，任何一方的偏移都会导致世界和平的打破，希望所有的男女都可以意识到和平的意义，把我们的社会打造得更加美好，让我们的未来更加安宁，多一份幸福，少一份硝烟。

师少华

2014年10月

目　录

第一章　　性别的故事

第一节　东方传说

三国时期吴国的徐整所著的《三五历纪》里面，记载了万年以前的上古神话，书中关于世界是如何产生的，有这样的描述：

> 天地浑沌如鸡子，盘古生其中，万八千岁。天地开辟，阳清为天，阴浊为地。盘古在其中，一日九变，神于天，圣于地。天日高一丈，地日厚一丈，盘古日长一丈。如此万八千岁。天数极高，地数极深，盘古极长。故天去地九万里。后乃有三皇。
>
> ……首生盘古，垂死化身。气成风云，声为雷霆，左眼为日，右眼为月，四肢五体为四极五岳，血液为江河，筋脉为地理，肌肉为田土，发髭为星辰，皮毛为草木，齿骨为金石，精髓为珠玉，汗流为雨泽，身之诸虫，因风所感，化为黎甿。

这段话的意思就是，世界本是混沌一片，既没有东西，也没有南北，就像一个鸡蛋一样，有着核和外壳。可就是从这样一个没有上下的星球里，经过了一万八千年，终于孕育出一位巨人，他的名字就是盘古。盘古睁开眼睛，就看到了周围一片黑暗的景致，当他摸到硬硬的外壳时，便产生了看看外面的想法，可是他的手上什么都没有，情急之下，盘古拔下了自己的一颗牙齿，这颗牙齿瞬间变成了一把锋利的斧子，盘古拿着斧子，开始使劲凿。外壳被凿破之后，上面的壳浮到天空中，变成了空气、蓝天，下面的沉下来，变成了大地。于是，顶天立地的盘古氏创造了世界。在之后的岁月里，天每日升高一丈，地每日增厚一丈，盘古每日生长一丈。如此一日九变，又经过了一万八千年，天变得极高，地变得极厚，盘古的身体也变得极长。

可是在这数万年里，只有盘古和这个混沌的世界，他想用自己的身体创造出一个充满生机的世界，于是他微笑着倒了下去，把自己的身体奉献给大地。在他倒下去的刹那间，他的左眼飞上天空变成了太阳，给大地带来光明和希望；他的右眼飞上天空变成了月亮；两眼中的液体洒向天空，变成夜里的万点繁星。他的汗珠变成了地面的湖泊，他的血液变成了奔腾的江河，他的毛发变成了草原和森林，他呼出的气体变成了清风和云雾，发出的声音变成了雷鸣。

盘古倒下时，他的头化作了东岳泰山（在山东），他的脚化作了西岳华山（在陕西），他的左臂化作了南岳衡山（在湖南），他的右臂化作了北岳恒山（在山西），他的腹部化作了中岳嵩山（在河南）。从此人世间有了阳光雨露，大地上有了江河湖海，万物滋生，人类开始繁衍。

盘古死后，人们为了纪念这位创造世界的圣祖，在南海为他修建了盘古氏之墓，方圆三百余里，传说墓中仙居着盘古氏之魂。如今广西桂林还存有盘古祠，每年都有许多人到庙里去祝祀。

由这段关于世界如何来的传说，我们不难发现，世界是由男性创造的，女人连影子都没有，甚至植物都比女人来得早，它们都是盘古氏身上的一部分。

而关于人类是如何产生的，东汉古籍《风俗通》是这样描述的：

> 俗说开天辟地，未有人民，女娲搏黄土做人。剧务，力不暇供，乃引绳于泥中，举以为人。故富贵者，黄土人，贫贱者，引绳人也。

这段话是说，盘古用自己的身体创造了世界之后，世界上有了太阳、月亮和星星，地上有了山川草木，甚至有了鸟兽虫鱼了，可是单单没有人类。这世间，无论怎样说，总不免显得有些荒凉寂寞。不知道什么时候，出现了一个神通广大、人身龙尾的女神，叫做女娲。据说，她一天当中能够变化七十次。有一天，大神女娲行走在这片莽莽榛榛的原野上，看着周围的景象，感到非常孤独。她觉得在这天地之间，应该添一点什么东西进去，让它生气蓬勃起来才好。添一点什么东西进去呢？

走啊走啊，她走得有些疲倦了，偶然在一个池子旁边蹲下来。澄澈的池水照见了她的面容和身影。她笑，池水里的影子也向着她笑；她假装生气，池水里的影子也向着她生气。她忽然灵机一动：虽然，世间各种各样的生物都有了，可单单没有像自己一样的生物，那为什么不创造一种像自己一样的生物加入到世间?

想着,她就顺手从池边捞起一团黄泥,掺和了水,在手里揉着揉着,揉成了一个娃娃模样的小东西。她把这个小东西放到地面上。说也奇怪,这个泥捏的小家伙,刚一接触地面,就活了起来,并且开口就喊:"妈妈!"接着一阵兴高采烈的跳跃和欢呼,表示他获得生命的欢乐。女娲看着她亲手创造的这个聪明美丽的生物,又听见"妈妈"的喊声,不由得满心欢喜,眉开眼笑。她给她心爱的孩子取了一个名字,叫做"人"。

人的身体虽然小,但据说因为是神创造的,相貌和举动也有些像神,和飞的鸟、爬的兽都不同。这样,看起来似乎有一种管理宇宙的非凡的气概。女娲对她的作品,感到很满意。于是,她又继续动手做她的工作,她用黄泥做了许多能说会走的可爱的小人儿。这些小人儿在她的周围跳跃欢呼,使她精神上有说不出的高兴和安慰。从此,她再也不感到孤独、寂寞了。她工作着,工作着,一直工作到晚霞布满天空,星星和月亮射出幽光。夜深了,她只把头枕在山崖上,略睡一睡,第二天,天刚微明,她又赶紧起来继续工作。她一心要让这些灵敏的小生物布满大地。但是,大地毕竟太大了,她工作了许久,还没有达成她的意愿,而她本人已经疲倦不堪了。最后,她想出了一个绝妙的创造人类的方法。她从崖壁上拉下一条藤蔓,伸入一个泥潭里,搅成了浑黄的泥浆,向地面这么一挥洒,泥点溅落的地方,就出现了许多小小的叫着跳着的人儿,和先前用黄泥捏成的小人儿模样一般无二。"妈妈"、"妈妈"的喊声,震响在周围。用这种方法来进行工作,果然简单省事。藤条一挥,就有好些活人出现,不久,大地上就布满了人类的踪迹。大地上虽然有了人类,女娲的工作却并没有终止。她又考虑着:人是要死亡的,死亡了一批再创造一批吗,这未免太麻烦了。怎样才能使人们继续生存下去呢,这可是一个难题。后来她终于想出了一个办法,就是把那些小人儿分为女男,让女人和男人配合起来,叫人们自己去创造后代。这样,人类就世世代代绵延下来,并且一天比一天多了。

通过这两个故事,我们不难看出,女娲被定义为了人类的创造者,世间称之为"大母神",也就是说,男性创造了世界,女性承担着人类繁衍的重任,女性和男性一样,具有同等重要的历史地位。

第二节　西方神话

根据西方宗教的典籍《创世纪》所言，耶和华上帝创造天地和万物后，在第六日造人。耶和华上帝按照自己的形象，用地上的尘土造出了一个人，往他的鼻孔里吹了一口气，有了灵，人就活了，能说话，能行走。上帝给他起了一个名字，叫亚当。亚当根据上帝的安排，住在伊甸园里。耶和华上帝说："那人独居不好，我要为他造一个配偶帮助他。"耶和华上帝使亚当沉睡，他就睡了，上帝取下他的一条肋骨，又把肉合起来。不留一点伤痕，也不疼痛。耶和华上帝就用那人身上所取的肋骨造成一个女人，领她到那人跟前。亚当一觉醒来，看到女人，说："这是我骨中的骨，肉中的肉！"

而根据希腊神话，普罗米修斯创造了人类。他聪慧而睿智，知道天神的种子蕴藏在泥土中，于是他捧起泥土，用河水把它沾湿调和起来，按照世界的主宰，即天神的模样，捏成人形。为了给这泥人以生命，他从动物的灵魂中摄取了善与恶两种性格，将它们封进人的胸膛里。在天神中，他有一个女友，即智慧女神雅典娜，她惊叹普罗米修斯的创造物，于是便朝具有一半灵魂的泥人吹起了神气，使其获得了灵性。

从以上故事我们不难看出，《圣经》中，男人和女人有不同的出身。男人亚当是上帝的作品，是为了衬托丰富壮阔的宇宙而产生的；女人产生是为了陪伴男人左右，为其解除寂寞。男人亚当来自上帝高贵的手，女人夏娃来自男人亚当的一根肋骨，所以女人从男人身上而来，注定附属于男人。女人是男人的一部分，男人是女人的主宰和源头。

而希腊神话里，男女是平等的，他们拥有同样的灵魂和身体。神的后裔普罗米修斯赋予他们肉体，雅典娜赋予他们灵魂。

无论是从西方神话还是东方神话，我们都可以看出，人类从来都不是自己创造出自己的，总是有外部的、伟大的、神秘的力量帮助人类的产生和繁衍。而女人的出现，几乎就是以男人的附属为目的。这些遥远的神话故事就好比是人类的童年，懵懂，遥远，虽然它们都已化作历史的尘埃，但是它们留下的痕迹，让我们后代子孙依旧可以看到它们原来的面貌。认识到了过去，我们才可以明白现在的由来和未来的走向，历史是不可以否定的，也不可能重来，而现在却是可以把握的，未来也是可以依靠自己的努力而有所改变的。

第三节　曾经的温暖和存在

女娲时代代表的是中国历史上的母系氏族时代，女娲创造人的故事其实反映的是人们对生殖繁衍的崇拜，对女性——拥有生育能力的特殊存在的膜拜和尊重。女性是那个时代的代表人物和氏族的主宰。在那片荒蛮的土地上，早期人类过着"只知其母，不知其父"的氏族生活。对于大约15000年前的记载和历史资料，我们只能透过种种流传至今的故事和考古发掘的史迹遗物来推测，在女性的带领下，早期石器时代的人类在蒙昧中摸索前进，他们依靠农业采集和渔猎过着食不果腹的日子，生活条件恶劣，人类的寿命非常短，外有猛兽威胁，内有不断的疾病，人口生存率很低。在这种情况下，拥有生育能力的女性对于一个氏族的生存、发展和壮大起着不可估量的作用，因此，女性的地位非常高，如果猎到了动物，那么最好的部位一定是分给妇女和儿童。另一方面，原始农业和采集业也是女性的擅长所在，她们工作细腻、效率高，对于打猎这一有限的食物供给，起了非常重要的辅助作用。从亚洲这个大板块来讲，今以色列、巴勒斯坦、黎巴嫩、叙利亚和扎格罗斯山山前地区，即所谓农业起源的新月形地带，是距今最早的石器时代遗址，这一地区具有典型的地中海气候，冬季多雨潮湿，夏季炎热干燥，有适于栽培的野生谷物和易于驯养的动物，从旧石器时代到中石器时代发展已有相当的基础，因而成为最早出现农业和养畜业的地区。大约在公元前9000—前8000年，原始先民们已种植小麦、大麦、扁豆和豌豆等，开始饲养绵羊和山羊，这在世界上是最早的，而这一切都和女性有着莫大的关系，女性擅长采摘和在男性的帮助下驯化动物。可以说，女性在氏族的经济中起着重要的主导作用。母系氏族的强盛时期，年长、有经验的女性还会管理氏族内部的生产和分配，她们是氏族的首领。可以说，女性是当时氏族的繁衍者、财富的创造者、权力的掌握者、和平的象征，拥有崇高的地位，远远超出了男性。

母系氏族时期，女性地位高的最重要的原因来自人们对于生育的膜拜。在原始婚配制度中，性关系的紊乱让原始人类很难分清性交和生育的关系，他们只是用肉眼看到了女性身体的外部变化，在他们的眼里，怀孕、分娩和养育都是非常神秘的现象，无法理解。

1963年，考古学家们在赤峰市红山区北4公里处的西水泉红山文化房址内，发现了一具距今6000多年的陶塑，陶塑虽然有所破损，但是可以明显看出，是女性的上半身像，夸张的女性乳房和腹部清晰可见；1973年，考古学家们又在秦安大地湾出土了一件口部被塑成了妇女头像的陶瓶；1982年，辽宁喀左东山嘴遗址出土了一批泥塑的人物，其中两尊为裸体孕妇女像，这是考古界第一次发现新石器时代的女性孕妇雕像；接下来，从1984年开始，考古学家们陆续发现了众多的新石器时代遗址及文物，石砌的祭坛、高大的神庙和泥塑的女神像，石雕像从外形来看为女性，腹部凸出，乳房较大，而且相对完整，胳膊、肩膀的雕塑，给人的感觉就是可有可无，比例很小，更不会刻意加以修饰，和凸腹肥臀比较起来，显得微不足道。从这些石像上，我们不能否认原始人类不具备审美意识，但是夸张的丰胸肥臀、比例严重失调的头和身体，让我们不禁产生疑问，难道人类先祖的审美仅限于女性和女性的特殊部位吗？这些出土的石像可以反映出他们当时的思想中，女性的地位多么崇高，几乎是他们的大英雄和统领，另一方面，更透彻地说，这些石像充分证明了先民对女性的生殖崇拜和女性怀孕的膜拜。

先来说说红山遗迹的石像，女性石像发现于一个特殊的遗迹群里，周围经过考古学家的鉴定，并没有生活的痕迹，即没有打猎和做饭用的石器工具，但是却有大量的积石冢和墓葬。通过这些墓穴遗址，我们可以看到当时人类的思想状况，看到他们对待死亡的态度，看到他们的内心。究竟是出于什么样的目的，才会放置这样的石像在这样的环境里呢？很明显，这些石像并不是用来装饰房屋的，那么，就是保护的作用了，这就好比是我们在寺庙里看到的神像一样，神像端坐着，保佑子民，就仿佛这些石像一般，只不过庙里多是神仙，而我们的先民供奉的是女性。新石器时代原始先民所祭拜的神，叫做高禖神，即主管生殖的神。原始人类对于生殖崇拜的最明显的证据就是红山文化出土的小型孕妇像和夸张的女性身体石像，它们受到所有氏族成员的膜拜。有些石像的上面还有红色的颜料痕迹，红色颜料在当时代表血液，透过这些痕迹，我们不难想象原始人类将血液涂抹在骨头上，然后在女神庙前进行占卜等活动的场景，这都表明女性除了生殖作用，还有参与生死、主持宗教仪式的作用，这些都是史前时代，即原始氏族时代，女性地位崇高的直接证据，文物还原了当时的历史场景，让我们有更加直观的认识。

同时，通过石壁、洞穴中的图案，我们还可以看到原始农业的样貌，妇女们采集植物、种子和野果补充肉食的不足，这些原始农业恰恰是人类迈向文明的牢固的基石。

新石器时期出土的这些泥塑、石像、供奉女神的神庙等，都反映出对女性的崇拜已到达顶峰。史前时代是人类的童年，混沌而又混乱，在这个时期，没有对于男性的歧视和排斥, 母系文化开放、融合, 就如同母爱一样, 包容所有的成员和谐共处; 男女处于一种平等的伙伴关系, 社会模式就是财产大家共有, 男女混婚, 以女子为主, 社会关系就是大家团结一起, 共同生产、劳动, 分配所得, 没有地位高低之分, 没有附属、从属之分。可以说, 这是女性历史上短暂的和平、不受压迫的时期, 女子在不排斥和压迫男性的基础上, 和男性和谐共处, 摸索前进。

1868年, 法国莱塞西的克罗马农岩棚中, 出土了石器时代的骨骸, 尸骨的周围和上面精心排列了许多贝壳, 英国考古学家詹姆斯将之称为 "小孩通过它进入世界的门"[1], 这些和早期的女性神灵崇拜有一定的关联, 贝壳代表生命的力量, 红色的颜料代表女性的经血或者创造生命的象征物。另外, 在法国三友洞内部, 考古学家陆续发现了女性雕像、女性壁画、圣殿和墓地等, 这一系列都和女性有关系, 而且主题鲜明, 要么属某种宗教仪式, 要么凸显女性是生命的给予者和创造者, 女性崇拜的味道很浓。

西班牙加泰罗尼亚的科古尔岩棚里, 考古学家发现一个表现许多妇女——可能是女祭司的场面, 她们围着一个体型较小的裸体男性跳舞, 这很可能是一种宗教仪式。所有的这一切都向我们反映着当时的思想模式, 就是所有先民都认为生命来自一个伟大的源泉, 不仅是人, 还有动物、植物等, 都来自母亲女神, 她创造了万物、繁衍着万物、保护着万物。先民对于女性, 有着敬畏的崇拜和毫无疑问的敬仰。

英国考古学家詹姆斯在土耳其发掘出了公元前7000年左右新石器文化遗址, 在其中发现了大量的石雕、浮雕、泥塑女神像, 供奉女神的神龛、祭坛也很多, 寺庙装饰物多以女神的化身, 如鸟和蛇为主。在克里特岛出土的文物中, 考古学家们又惊奇地发现了长有蝴蝶翅膀的女神的形象, 在欧洲历史上, 变形的蛇和蝴蝶都是女神变形力量的象征, 因为蛇通过蜕皮获得新生, 代表力量的再生。在这所有的发掘中, 1980年在克里特岛的发现最为壮观, 考古学家发掘出了传说中的米诺斯文明, 有着非常完备的水利设施的城市、宏伟的宫殿、规划合理的街道、大量的壁画等, 甚至有文字。在宫殿的中心位置, 有女神和女祭司的雕像, 站在女神旁边的男人正向她进贡贡品。

这所有的出土文物和东方的原始文明一样, 反映出当时处于母系社会的先民对女性、母亲和女神的崇拜, 在这里, 笔者引用理安《圣杯与剑: 我们的历史, 我们的未来》中的一句话, "女性的身体乃是容纳生命的奇迹, 是通过自然的神秘循环有起死回生力量的圣

---

[1] 埃德温·奥利佛·詹姆斯:《史前时代的宗教》, 第148页。

杯"[1]。在那片同样广袤的欧洲大地上，当时的主宰者是女性。女首领、女祭司都是女神般的存在，她们统治着整个宇宙，她赋予她的子民以生命，给他们提供物质和精神食粮，甚至在死亡时也可以将他们的孩子带回她的宇宙子宫。最后，我们也可以总结出这一时期的特点，东西方虽然经历不同的发展轨迹，但是两者的史前史，即石器时代历史，却有着惊人的相似点：第一，无论是东方还是西方，其各自的先民都对女性有着敬畏而又神圣的崇拜，尤其是对女性生殖力的膜拜惊人的一致，历史源远流长；第二，男性和女性是类似"伙伴"的关系，两种性别的人，和谐共处，相互融合，不存在一方压迫另一方，或者一方奴役另一方，这和后来青铜时代男人通过暴力手段迫使女性屈服的时代有着明显的、根本性的差异；第三，东西方石器时代都是一种以农业为主的社会生产模式，石器时代出土的文物中，都不包含暴力的象征——刀、剑、弓等，这说明当时的社会模式不包含统治和被统治、主人和奴隶、上层阶级和下层阶级这些思想。可以说，在人类的历史上，石器时代，即母系时代，是一个祥和、安宁，没有暴力统治的和谐时代。男性和女性是快乐的伙伴关系，他们开辟了新的世界，为人类文明时代的到来打下了坚实的基础，女性作为这一时期的家长，将自己的角色扮演到了极致，她带来了和平和幸福。虽然和后来漫长的黑暗时代比较，这段时间实在太短，但它却向世界证明了，这样男性、女性和平共处的时光是可以创造的，而且它确实存在过。

第四节　刀光剑影的力量

历史就是一把双刃刀，有着温和的一面，也有着隐藏的冰冷的一面。随着母系时代的顶峰时代的到来，先民们累积的财富越来越多，制造工具的水平也越来越高。铜的出现，让人们的农耕水平上了一个新的台阶，他们懂得了制造平面斧头、长柄锄斧，大大提高了生产力。之后青铜的产生，即混合了铜和锡的合金的诞生，改变了历史的方向。青铜的诞生和冶炼技术的提高让武器正式登场。男性发现用青铜制造的武器杀伤力十分巨大，这时，男性的身体特征得到了最大程度发挥，他们对武器的制作和使用可谓是得心应手，于是，

---

[1] 理安·艾斯勒：《圣杯与剑：我们的历史，我们的未来》，第34页。

青铜时代的武器带来了吞并性质的战争，而战争就仿佛是一道无情的剑影，割开了母系社会的脐带，将人类带入了血腥十足的父系氏族时代。从此，人类社会的主题由"和谐"、"安宁"变成了"武力"、"残忍"。

女娲创造了人类之后，人类开始了自己的发展，随着时间的推移，中原大陆上出现了越来越多的氏族首领和智者，比如，神农氏教会人们开垦农田、燧人氏教会人们钻木取火、黄帝轩辕氏教会人们制造舟车弓箭。各个氏族间为了自己成员的利益和财富，开始了相互的争斗。《释史》中这样描述："黄帝行道而炎帝不听，故战于阪泉之野，血流漂杵。"由此可见战况的惨烈。之后的涿鹿大战更甚，传说炎帝的后代子孙蚩尤做了黄帝的臣子，可是他一直对黄帝心存不满，于是，终于率领九黎族等与黄帝在涿鹿县展开了激战，蚩尤虽然是刀剑等金属武器的制造者，但是这场战役还是以黄帝胜利、蚩尤战败告终，身穿金属铠甲的蚩尤最终被黄帝生擒，行刑时，蚩尤身上的献血染红了身上的枷栲，化作枫林，每到深秋，都是鲜血一般的红色，让人不禁心肝俱裂。

从这些上古神话里，我们可以清晰地看到，刀剑的力量是多么巨大和残忍，男人手握刀剑，一把挥下，血淋淋地建立了自己的父系氏族，母系氏族瞬间灰飞烟灭，女性的慈爱在男性的刀剑面前不过是细发一缕。

中国的父系制在公元前3000年左右得以确立，即传说的"五帝"时期，金属的应用、武器的产生给男性部落首领登上历史的舞台创造了充分的条件，他们男性的荷尔蒙受到渴望财富心理的催化得到极度膨胀，扩张和侵略掀开了历史的新篇章，女性的辉煌时代宣告一个段落，女性神的尊位被"男人的妻子"、"孩子的母亲"取而代之。

在西方，根据《旧约》记载，公元前5000年到公元前4000年左右，库尔干人（即被希特勒当做唯一的纯欧洲种族并加以理想化的种族）从外高加索学会了冶炼技术，之后，他们就开始在外高加索开采矿石，时隔不久，这个游牧民族就学会了锻造武器。公元前4200年左右，库尔干人从亚洲和欧洲东北部开始大举入侵欧洲本土，通过放射性元素碳的测定，考古学家认为库尔干人共入侵欧洲三次，这三次大的侵袭使欧洲的农业基础被一次一次破坏，加上自然灾害，文明几乎处于停顿状态。

另一个游牧民族闪米特人同样具有残忍的特点，他们是由战士和祭司构成的好战民族，从欧洲南部沙漠入侵了迦南，即现在的巴勒斯坦。这两个游牧民族的共同特点就是社会组织的统治模式——男性占绝对主导、暴力、血腥和独裁。与母系社会的农业积累、发展技术、创造财富相比，他们更加相信暴力掠夺，或者说是相信毁灭性的技术——武器。

　　这些入侵者的特点就是,夺取生命的力量凌驾于给予生命的力量、剑的掠夺力量大过农业的积累力量。发动侵略战争可以给游牧入侵者在很短的时间内带来比农耕快几倍、多几倍的财富,出于对生活资料和财富的占有欲,男性用暴力将欧洲本土的母系社会彻底打碎。

　　闪米特人的首领摩西命令把所有的男孩和已经嫁人的女孩全部杀死,只留下没有出嫁的女孩作为战利品,由此可见,女性已经彻底沦为了战争的牺牲品和奴隶,女性在手握武器的男性看来,和土地一样,只是战争的一种财富。就这样,具有破坏性的武器带来了无休止的征战、侵略和屠杀,人类历史的新篇章充斥着血腥和野蛮,战争是父权制建立的标志,也是母系时代的终结,女性女神般的存在一去不返,统治宇宙的力量被男性抢走,征服、统治和毁灭伴随着战争覆盖了土地,黑暗即将来临。

第二章　底层的女人

第一节　东方的陪衬

父权制的到来意味着对女性时代的全盘否定，而这种否定自然要从万物的创造者开始。至高无上的男权不允许有超越自己的女神存在，哪怕是存在过。造物主女娲在母系时代是尊贵至上的女神，她抟黄土造人，用五彩石补天，治理洪水，为了人类的安宁可谓鞠躬尽瘁，但是到了父系时代，女娲神的功绩就变成了在男人的参与和帮助之下取得的。女娲由一个独立的女神，降低为伏羲氏的妹妹，之后又演变成了伏羲氏的妻子，身份的更迭自然意味着女娲所做的一切，都是由男人帮助完成的。

伏羲氏是母系时代过渡到伏羲时代的交接男神，这个教会人们捕鱼和食用熟食的部落首领，成为了瓜分女娲功劳的第一个男性代表。首先，在夏朝时候，"兄妹通婚"是一个非常普遍的历史现象，因此，这时期的壁画中女娲和伏羲氏成了兄妹，当时的氏族大多崇信图腾崇拜，因为蛇在蜕皮后会重生，这个过程代表着新生力量的产生，因此，蛇是那个时代的象征物，那个时期的壁画等所描述的伏羲氏和女娲，也是人头蛇躯。

在秦朝之前的文献里面，女娲和伏羲氏虽然为兄妹，但是都是独立存在的，从汉代开始，随着男权制的巩固，女娲彻底被男权人士写成了伏羲氏的妻子。这可以从汉代出土的石刻画像和砖画中找到清晰的证据。女娲和伏羲氏腰身以上是人形，腰身以下是蛇躯，两条尾巴交缠在一起。伏羲手拿太阳，内有金鸟；女娲手捧月亮，内有蟾蜍。有的石像甚至还在两位旁边添了一个小孩子，手执两人之袖，意味着两人结为夫妻并孕育自己的儿女后代。女娲在这时，依然被认定是人类的始祖，但是，旁边多了伏羲氏，男人的形象和女娲并排在一起，代表着父系时代对母系时代的彻底吞并和瓦解。除了女娲，后来母系时代的杰出女性部落首领都通过这种融合、扭曲的方式被驱逐出了历史的主要舞台，变成了某个男性的妻子,一种陪衬一般的存在。

周代是中国历史上定义两性关系的重要的阶段,重要典籍《周礼》的颁布,标志着男性对女性管制、约束的建立,从此,女性就沦为了男性的彻底附属品,女性的标签没有女神,只有"女儿"、"妻子"和"母亲"。

《周礼》的基础是等级制,它按照阶层、性别划分了不同的人,规定各自需要完成的权利和义务。就性别而言,妇女属于家庭和男人,女性的地位根据婚姻中的男性地位而定。《周礼》奠定了中国漫长的封建社会的思想基础,从此,这种约束女性、男尊女卑、歧视妇女的公开认定就成了社会典制,成了中国传统的一部分。

汉代著名史学家班固的妹妹班昭写了另外一部典籍《女诫》,堪称女性生活的标杆之作,书中对女性提出了明确的要求,这些要求犹如一道枷锁牢牢锁住了女性的咽喉,一锁就是3000多年。

在书中,班昭一再强调女性的终身品德就是"谦让恭敬,先人后己,有善莫名,有恶莫辞,忍辱含垢,常若畏惧,是谓卑弱下人也"。通过这段话不难看出,从此往后女性对于一切不公平待遇的反应就只能是忍,地位也是低于所有人。班昭还用"阴阳"的概念区分男女,即男为阳,女为阴,女性必定屈于男性;"夫者,天也。天固不可逃,夫固不可违也"意思即是女子的丈夫就仿佛是天一般,高高在上,女子和男子的差别宛若天上地下,女子只能顺从丈夫,万万不可违抗,这才是女子的德行所在。最"精彩"的是班昭的"三从四德"妇论,"妇人在家制于父,既嫁制于夫,夫死从长子"就是说女子尚未婚嫁许配之前,在家听从父亲,如果嫁人,则要顺从自己的丈夫,丈夫去世了,要听从自己长子,即大儿子的决定。可以说,女子的这一生都在男性的统治下过着卑微、弱势的生活,女子的生活重心永远只能是男子,没有自我。如此千年,禁锢着女性的思想,奴役着她们的内心和灵魂。

之后,我们的男性统治者创造了阴阳之说。阴阳之说由中国古代的哲学家所提出,他们认为大自然中存在两种不同的力量,这两种力量相互对立而又相互制约,这两者的比例关乎自然的平衡。向着太阳即为阳,背着太阳即为阴。大体来说,凡是温暖的、明亮的、有生命力的都属于阳;反之,冰冷的、黑暗的、潮湿的都属于阴。因此,古人就有了这样的推断,男性,天一般的存在,为阳;女性,天的另一端——大地,是为阴。

除了班昭的《女诫》中阐述的"三从四德",另一部中国的划时代巨作《易经》中,提出了这样的字眼:"天尊地卑",也就是说,如果女性生下了男孩,是尊贵的事情,可以确保女性在家中的地位，"母因子贵"；同样，如果家族里诞生了男孩，也是值得庆贺的事情。

"生男贵如璋，生女贱似瓦"便是建立在这一认识基础之上的。"男尊女卑"这样的想法透过《易经》已经成为了一种社会普遍思维，起着导航人民思想的作用，这种说法使女性身份低贱卑微，不准参加科举考试，不得任公职，也不能从事绝大多数社会职业。女性从事劳动，只能加入备受歧视的"三姑六婆"（佛教的尼姑，道教的道姑，占卜的卜姑；为人牵线买卖奴婢、侍妾的牙婆，介绍婚姻的媒婆，画符念咒、求神消灾的巫婆或师婆，妓院的鸨母虔婆，卖药的药婆，助产接生的稳婆）之列，成为卑下的另类贱民。

《易经》赋予女性卑微的地位，女性卑贱自然要臣服尊贵，因此女性服从男性也就理所当然。古代中国，在长达千年的封建社会，女性的独立人格完全被剥夺，"未婚从父，出嫁从夫，夫死从子"，女性任何时候都处于从属地位，毕生都是男性的附属品。

除了给女性套上各种各样的精神枷锁——社会制约和家庭律令，在灾害面前、在事故面前，女性又有了新的"角色"。《东周列国志》中"烽火戏诸侯"的褒姒被列为周幽王愚昧的原因；《封神演义》将妲己"九尾灵狐"的身份扯得神乎其神，并说妲己是纣王灭亡的直接原因，殊不知，如果不是商纣王对女娲娘娘心存不敬、想入非非，自己傲慢残忍、治国无方，又怎会招来灭国之灾，女人就是男人失败的挡箭牌；再如《三国演义》里的貂蝉，出于报恩牺牲了自己终身的幸福，甘愿被男人们算计、利用，最终却落得"红颜祸水"的名号；杨玉环也是这般命运，安史之乱的首要原因就是唐玄宗宠幸小人、不理朝政，同时好大喜功、疏忽边防，完全没有了开元时候的进取心。

南北朝的时候，甚至出现了"质妻"和"雇妻"这样把女性当玩物的现象。"质妻"就是把自己的妻子抵押给别人，换取一笔数目的金钱，等到规定还款的日子，再将妻子领回，奉还原款；"雇妻"就是把自己的妻子借给别人，换取一定数目的金钱，一定时日之后领回妻子，金钱不用奉还。元朝时期，武宗第一次用法律的形式规定妇女不得改嫁，"命妇夫死不得改嫁"。除此之外，一夫多妻制的普遍实行、女孩从五岁开始缠足等一件件对女性的禁锢，甚至是迫害行径开始强加在女性身上，这些近乎扭曲的做法让女性在漫长黑暗的封建社会过着最底层的生活，没有尊严，没有同情，没有自由。

总之，女人出现错误的时候，是女子自己没有做好本分，男人出现错误的时候，女人就成了他们的"替罪羊"，这样的传统像病毒一样扩散，植入人心。

第二节　西方的附属品

在西方，女神的地位同样经历了衰落。古希腊神话中的地母盖亚，由天神的生母竟然变成了天神的妻子。俄瑞斯忒斯杀死自己的母亲，却获得无罪的判决。在其审判过程中，复仇女神认为杀死自己的母亲，在古代的氏族制度中是最残忍和严重的罪行，理应处死。但俄瑞斯忒斯为自己辩护说，他杀死母亲时只是把她看做杀害父亲的凶手。阿波罗极力为俄瑞斯忒斯辩护，声称"母亲不是孩子的生育者，她只是蕴藏着播下的种子而已，父亲才是真正的播种者，雅典娜就没有在女性阴暗的母胎中待过，因此，雅典娜更为高贵。一个人可以只有父亲没有母亲"。审判进入最终投票时，有罪和无罪票数相同，可是其关键的一票竟然投向无罪，这一票出自当时审判的最高裁判官——智慧女神雅典娜。在判决宣布的时候，雅典娜发出这样的宣告：第一，她是从宙斯的头里蹦出来的，不是由母亲生下来的；第二，俄瑞斯忒斯杀母，是因为其母谋杀了其父。雅典娜的理由其实反映了父权大于母权，或者说是男权社会的体现。之后杀害母亲的俄瑞斯忒斯回到了迈锡尼，继续做他的国王。

主神宙斯更是残忍，推翻自己的父亲，欺骗自己的兄弟，贪花好色。宙斯对于女神的侮辱可谓多如牛毛，奥林匹斯的许多神祇和许多希腊英雄都是他和不同女神、人间女人生下的子女。

希腊神话是西方世界文明的一个源头，如果希腊神话里面对女人的认可都是如此，可见希腊神话孕育出的西方历史对女性的认识将是多么可怕的凌辱和歧视。男权的绝对优势是那个历史时间段的最强音，女神的地位在父权制社会里已经一落千丈，女神的辉煌只能以记忆的形式流传下去。

《荷马史诗》是一部代表女权社会向男权社会转变的巨作，书中描述早期希腊时期，女祭司仍然拥有高贵的地位，但是随着特洛伊之战及雅典最高法院判处俄瑞斯忒斯弑母无罪，男权获得了最终胜利，古老的母权制彻底退出了舞台。

《荷马史诗》虽然也有相应的女神的描述，但是女神基本都沦为了男神的附属，女神都由共同的天神——男神宙斯掌管。宙斯是男权的化身，在神界拥有至高无上的权力和威严,他不受婚约的约束,天后赫拉只有一个夫君,可是宙斯却时而化作金牛,时而化作天鹅,拈花惹草,前后共有七个妻子。

神的世界如此,凡人世界也是惊人的一致,这里有一个十分辛辣的幽默故事。古希腊哲学家柏拉图感谢众神恩赐给他八种幸福。其中第一种是生为了自由人,而不是奴隶;第二种幸福是将他生为男人,而不是女人。由这位智者的话可以看到可笑的一点,那即是女神甚至不如奴隶!两性的社会地位从柏拉图的这番经典话语当中得到了毫无疑问的印证。

古典时期的希腊,妇女没有公民权,如果一个女人连最基本的公民身份都得不到认可,那么,这个社会还会给她任何保障吗?

关于选举权,希腊神话给出了这样一个解释。在一次游玩途中,雅典娜看到希腊中部有一座城市繁荣昌盛,雅典娜看到十分喜欢,想要成为这座城市的守护神。恰巧海神波塞冬也看上了这座城市,也想成为它的守护神。在众神的建议下,他们决定送一件东西给这座城市的居民,之后,再以投票的形式决定这座城市的守护神。

海神波塞冬与智慧女神雅典娜展开了竞争。波塞冬用三叉戟在地上戳了个洞,里面跑出来的是象征战争的骏马;而雅典娜却用长矛戳出一棵果实累累的橄榄树,象征和平和丰收。在一旁观看的众神深为雅典娜的智慧所折服,便一致同意把雅典城的保护权交给她。同时,雅典城的居民也开始了投票,大家都赞成带来和平象征的雅典娜担任雅典城的守护神。波塞冬看到这样的结局大发雷霆,想要用海水淹没这座城市,为了不让海神难堪与发怒,众神就对雅典城的女性做出了三种惩罚:第一,剥夺了雅典妇女的投票权;第二,女性的子女不应使用母亲的姓氏;第三,女性本人将不再被看做雅典人。

这则神话使人们相信:将妇女排斥于政治活动之外是神的安排。而我们则又看到,古典时期的希腊确实是一个民主社会,所有居民都参与重大决定,但是,这个民主是男性的民主,女性是绝对不包括在内的。

在禁锢女子方面,东西方也有着相似的地方:首先,女性出嫁前是不可以接受教育的,女性不可以阅读书籍、认识文字,所谓的女性教育仅仅限于把她们培养成为合格的妻子,照看孩子、洗衣、做饭、纺织都是基本功课,女性的地位仅在奴隶之上。第二,女子的婚姻都是父亲安排的,对于自己未来的丈夫长相如何、品德如何都是不可以过问的。第三,即便嫁了人,幸福也是远在天边。除了外出参加城邦的公共葬礼和致敬谷物女神得墨忒尔的地母节以外,一年中的大部分时间里古希腊的妇女都是在家中度过的。即便在家中妇女活动的空间也很有限。古希腊的习俗禁止她们见陌生的男子，更不准她们交男性朋友。没有人敢与已婚妇女共餐，已婚妇女也大都不敢与男子共餐。而她们的丈夫则可以大摆宴席，与朋友在客厅里饮酒作乐。

在古希腊的古籍中，记录着一位名叫伊斯科马科斯的公民对妻子的一段训话："啊，我的妻子，因为我们知道神对我们的不同安排，我们应该尽量担负起各自的责任。法律似乎也鼓励我们这样，对妻子来说，留在家里比待在外面更为体面，你应该待在家里亲自监督奴隶们干家务。"

古希腊的大演说家狄摩西尼公开宣称男人婚姻的目的只有两个：一个是获得合法的子女，另一个就是需要一个看门的人。可见，古希腊是一个男子主宰一切的社会。古希腊女子的地位并不是人们想象的那么高，即使在民主政治极为发达的雅典妇女的地位也极为低下。正如一位现代西方学者所言：在古代的希腊，不存在女公民，只有公民的母亲、妻子与女儿。

总而言之，父权制的社会除了制造一系列约束女性的规则和制度，让整个大环境对男性保持坚定的支持，对女性有所监督和制约，更从言论上将女性压得喘不过气，她们不仅仅是社会底层的弱势人群，在所有的灾害发生的时候，她们变成了罪魁祸首；在男性出现失误时，成了"替罪羊"；在遭到不公平待遇的时候，成了逆来顺受的受气包。

然后，潘多拉又被创造出来了。潘多拉是宙斯创造的第一个人类女人。宙斯创造潘多拉主要是要报复人类。因为众神中的普罗米修斯过分关心人类，盗取天火送给人类，宙斯十分恼火，于是以宙斯为首的众神共同创造了完美的女性——潘多拉。赫拉赐予她自信与自尊；雅典娜教女人织布，制造出各种颜色的美丽衣织，使女人看起来更加鲜艳迷人；赫尔墨斯传授她语言的天赋；宙斯在这美丽的形象背后注入了恶毒的祸水，那即是一个充满罪恶的盒子，宙斯欺骗潘多拉说这是一个礼物，让潘多拉送给她未来的丈夫。

众神帮潘多拉穿好衣服，戴好发带，项配珠链，娇美如新娘。古希腊语中，"潘"是所有的意思，"多拉"则是礼物、天赋，"潘多拉"即为拥有一切天赋的女人。众神把完美无缺的潘多拉作为送给人类的礼物，准备让她嫁给普罗米修斯的弟弟作为妻子。但是，普罗米修斯深信宙斯对人类不怀好意，于是经常警告他的弟弟，不要接受奥林匹斯山上的宙斯的任何赠礼，而是要立即把它退回去，对于这样一个来历不明的盒子，普罗米修斯一再嘱咐潘多拉和埃庇米修斯不要打开，可是，埃庇米修斯忘记了这些警告。好奇心重的潘多拉在埃庇米修斯外出时悄悄打开了这个盒子，于是，黑烟般的疾病和灾祸瞬间漫布整个房间，飞向了天空和大地，各种各样的灾难充满了大地、天空和海洋。疾病日日夜夜在人类中蔓延、肆虐而又悄无声息，因为宙斯不让它们发出声响。各种热病在大地上猖獗，死神步履如飞地在人间狂奔。在埃庇米修斯娶潘多拉之前，人类遵照普罗米修斯的警告，因此没有恐怖的灾祸，没有艰辛的劳动，也没有折磨人的疾病。自从女人打开了盒子后，灾害遍布人类世界，女性就成了罪恶的代名词。

《圣经·旧约》中提到，女性是男性的消遣品，上帝怕男性亚当寂寞，用亚当的一根肋骨创造出了女性。因此，从女性出生的那一刻起女性就注定是男性的附属品，提醒所有的女性要顺从他们的丈夫。《圣经》里又提到蛇蛊惑女性夏娃偷吃了善恶树上的智慧果，犯下大罪，害亚当也被一起逐出了伊甸园。因此，奉《圣经》为宝典的基督教把妇女看做是不洁物，女性的魅力是"魔鬼"的诱惑，女人把罪恶带到世间。《圣经》里面的"十诫"告诫所有男人不要贪恋女性，也不要贪恋自己的奴仆、驴子等，女人在《圣经》里的地位，不过是和动物一般。基督教把这种思想自上至下地传播，因此，整个中世纪女性都只是性工具和生育机器，妇女在婚姻里没有自主权，在法庭上没有发言权，在家庭里没有财产继承权。

随着基督教的不断扩张，宗教倡导的女性罪恶的说法越演越烈，基督教不但束缚人性自由，更扼杀人性。中世纪的裁判所把一切可以想得到的罪恶都归结于"女巫"。他们污蔑这些女性和魔鬼发生了关系，她们都是魔鬼撒旦在人间的化身，女巫的存在只会带来灾祸、疾病。因此，但凡行为举止、言语有所不同的女性都被视为"女巫"，受到审判，最后命丧黄泉。《欧洲道德史》中有这样一句话，"女人被视为地狱之门和人类罪恶之本。她只要想到她是一个女人，就应当感到愧疚。她应当在不断地忏悔中生活，因为她给这个世界带来灾祸，她应当为她的服饰而羞愧，因为这是她堕落的象征，她尤其应当为她的美貌而内疚，因为这是魔鬼最有威力的武器"。所有的女性都被披上了魔鬼的外衣，成了灾难的源头，男性于是更加有权利和义务用各种方式压迫女性、迫害女性，这其中数屠杀女巫最为震撼。

中世纪以前女人在日耳曼传统文化区里一直很受尊重，尤其是制药、行医、会读写的女人。中世纪之初基督教在日耳曼地区发展，教会认为按照基督教教义女人应绝对服从于男人。教会贬低并丑化女人，捏造女巫形象，迫害女人，甚至活活烧死所谓的"女巫"。

从中世纪末期开始，欧洲出现接二连三的灾乱，13世纪的巴比伦流亡及教会大分裂让无数的基督教徒饱受颠沛流离之苦，使基督教领导地位衰落。英法百年战争（1337—1453

年）荼毒欧洲平民百姓。14世纪初的大饥荒及不久之后的"黑死病"，即瘟疫流行使欧洲经常处于动荡不安的状态下，立基于中古封建制度及庄园经济的人际关系网络产生巨变，人们由原来的"相互依赖模式"变成"自私自利的模式"，普遍缺乏安全感、彼此互不信任，这让流离失所、食不果腹的人民更加迷惘，更加认定社会乱象与魔鬼撒旦及其同路人——巫师有关。因此一遇有灾变或意外，就用莫须有的罪名指控他人是巫师，并以巫师事件解释社会上为何会发生许多不幸，其中，女巫受到的伤害是最大的。

从15世纪起，欧洲开始了声势浩大的历经三个世纪的"女巫大审判"，中世纪的女巫审判有着非常黑暗的一面，绝大多数被处死的"女巫"都是无辜的女性。基督教的教士们根据《圣经》中所说"行邪术的女人不可容她存活"的"语录"，对"女巫"发起了持续近300年的迫害。在这黑暗的300年中，无数良家妇女被诬为"女巫"，或被斩首示众，或惨遭火刑。1484年，罗马教皇英纳森八世颁布敕令："（女巫们）绝不可被饶恕，她们十恶不赦、荒淫无耻。"随后，他发动所有的神职人员参与到镇压女巫的行动中去。1487年，教会出版了猎巫"专业书籍"——《女巫之锤》。随着古登堡发明的近代印刷术在欧洲的推广，此书在从1487年至1669年近200年间，竟接连再版了近30次，从而引发了旷日持久的"猎巫潮"。《女巫之锤》详细记述了对"女巫"具体的审讯方式和保证审讯成功的有效方法。这种审判既没有起诉程序，也没有辩护人，除了严刑拷打作为逼供手段外，还有所谓的"女巫"测试法。

根据书中提供的理论，由于"女巫"被魔鬼施了魔法，对疼痛不再敏感，所以就可以对她们随心所欲地施行各类酷刑。如让被告用手在沸腾的水里取一枚圣戒，然后把手打上绷带和封印，三天后若无痕迹就无罪等等。更让人匪夷所思的一种鉴别方法是：将被告捆上手脚扔进湖里，如果她沉到水底，则表示她无罪；相反如果漂浮在水面上，则表示她受到魔鬼的保佑，必须送上火刑柱。这种荒诞的做法结果是，无论被审判者是否"有罪"，她们都只有死路一条。

由于统计数字来源不一，后人对葬身灭巫狂潮之中的"女巫"数字一直无法给出一个准确的答案，各类统计数字从几十万到几百万不等。位于德意志巴伐利亚的小城班贝克，当年是一个拥有6000人的小城，但在5年之内，就有600人被判为女巫葬身火海。

而在另一座人口数字相似的小城维尔茨堡，在同一时间内，也有近900名"女巫"冤死火海，相当于每两天就有一个"女巫"被处死。法官和牧师们从中渔利：他们享受人们对他们的感激之情，每烧死一名女巫后他们还向死者家属索取木柴钱和举办庆祝宴会的钱。

　　"猎杀女巫"是特别引人注目的历史现象，这场从1480年延续到1780年的迫害"女巫"恶潮，席卷欧洲300年。良家妇女一旦被诬为"女巫"，立刻被斩首示众，然后焚烧尸体，刀下冤鬼多得难以统计。可以说，这是一场男性统治者和宗教领袖为了铲除异己势力而进行的大规模的屠杀，不服从宗教和男性统治的女性在短短几年就被杀害多达几万人，而且耗时百年。从6世纪基督教长老辩论女性是否有灵魂开始，女性注定在男权社会的地位就仅高于动物、高于奴隶，和女性有关的都是低下的、危险的，应该加以严格控制和管制。曾经代表女性崇高地位的圣杯如今装满了女性的鲜血，政治迫害、宗教压迫、宗教裁判所的各种暴行都宣扬着男权的绝对胜利，恐怖统治是道德的退步、文明的扼杀，但是，历史的车轮是不断前进的，中世纪欧洲的黑暗和暴力注定会终结，宗教走的弯路也注定会被重新定义和逆转。

　　艾斯勒教授这样说过，在人类文明形成的年代里，我们人类最初的文化方向是早期伙伴关系或者原始男女合作的社会模式，克里特文化就是它的极点，而后，产生了一个日益不平衡或者混沌的时期，不断的入侵浪潮、剑的介入让男权获得彻底统治。但是从历史的全文来看，男女合作模式就像是一颗不管怎样常常被毁灭或被砍倒而拒不死亡的植物一样，终究会站在阳光下。[1]

---

　　[1] 理安·艾斯勒：《圣杯与剑：我们的历史，我们的未来》，第164页。

第三章　自由的幻觉

第一节　净土的萌芽

在天主教国家里先后皆有宗教裁判所活动，但是英国和北欧国家例外，英国忙于和法国的百年之战，男人都上了战场，女人们被当做弱者留了下来，于是，国内相对有一个自由的环境。虽然后来猎杀女巫的浪潮波及了英国，但是程度并不像德国、西班牙那样持续而且范围巨大。

在英国等欧洲国家里，家庭里不太中意的女儿、觉得嫁不出去的女儿、反抗父亲的女儿都有一个共同的归宿——教会。虽然这有点终身监禁的感觉，但是对于一部分女性来说倒是一个可以摆脱男性操控的渠道。宁静的修道院可以给女性提供一种精神和物质的安全感，让她们在这个环境里认识到自己的存在，同时，学习典籍需要认识文字、朗读文章、交流心得，这都是女性自我教育和自我发现的好途径。

12世纪末，在北欧的一些国家如荷兰、比利时等出现了一批女修士，她们不参加经过正式批准的教会活动而过着潜修生活，后来以"贝居安"女修会作为自己的名称。贝居安的建立是一次妇女宗教运动。她们的成功——根据比利时历史学家亨利·皮雷纳的研究——可归于暴力、战争、军事或半军事行动夺走许多男人生命所引起的妇女过剩。大量妇女别无选择，只好联合并集体获得富裕施主的帮助。但是，荷兰的贝居安女修会里的大多数的成员都是自食其力，潜心研修，发誓身在会中的时候守贞不嫁，但是有些情况下修士也可以随时出嫁。其中一个修士在冥想时，这样写道：

一连三天，也许更久，（她）紧紧抱着他，他像婴儿一样安憩在她双乳之间……有时她亲吻他，仿佛他是一个小孩子；有时，她把他抱在大腿上，仿佛他是一只柔弱的羔羊。①

这个冥想是女修士怀着真诚的心态、以母性的角度想象着刚刚诞生的主——耶稣正在她的怀里，从头至尾都充满着母性的关爱与温暖。通过这样的冥想女性从精神层面上获得了自由，这种自由让她们明白自己的能力，可以识字，可以有自己的感受和想法。

14世纪，英国的神秘主义者朱利安在她的《神恩启示录》里这样说道："仅仅因为我是女人，我就得相信我无法告诉你神的美德？"进而，她又这样写道：

> 我们的救世主是我们的真母，我们永恒诞生于他，永远受他庇佑……母爱本质就是慈爱、智慧、知识；这种母性就是美德，因为虽然和我们灵魂的出处相比，我们的肉体诞生于低贱、贫寒和卑微，然而这个肉体诞生于他的创造，由女性来加以完成，体现为众生。②

朱利安的这番话首先代表着女性低于男性的地位是神所赋予的，不可改变；另一点，她也提出了即便是这样卑微的出身，女性也拥有自己的美德和精神世界，女性也是这个耶稣所创造的世界的一员。

玛格丽·邓普是和朱利安同一个时代的另一位女性，由于受到朱利安的感动不远长途跋涉去看望了朱利安，之后，玛格丽写下了自己的生平自传，这也是第一部关于女性自己的英语自传。在这部自传中，玛格丽虽然言语夸张，对于自身的不幸过于沉浸，但是敢于将自己的生平大声疾呼出来，并且真实地对待自己身为女性的遭遇，这在女性解放历史上是可圈可点的。

可怕的分娩经历、丈夫的长期欠债与对玛格丽的嘲讽，都不能阻挡玛格丽的朝圣之心，她凭着自己非凡的、坚韧的毅力，最终到达了耶路撒冷，后来甚至到了君士坦丁堡。

一个女性可以如此坚毅地完成朝圣之旅，如此坚忍不拔地完成自己梦想的事情，在中世纪着实不易，女修士的自我探索是女性解放和追求的萌芽，是星星之火。

16世纪后期，随着女修士的宣传和宗教改革，越来越多的女性开始谈论自身，虽然只

---

① 玛格丽特·沃特斯：《女权主义简史》，第167~168页。
② 玛格丽特·沃特斯：《女权主义简史》，第168页。

限于宗教框架内的内容, 但是女性的观点越发一致, 越发能够给予更多的女性以自信和自爱之心。

1589年, 在一篇被称为"英格兰最早的女权主义檄文"中, 简·安杰挺身而出, 对传袭百年的《圣经》提出了挑战, 她开始大声并且自信地批评当时的大男子主义、男权社会。在她的小册子《简·安杰论保护女性》中, 她说道, 正是因为夏娃比亚当晚创造, 所以夏娃更加完美; 亚当是上帝用泥土塑造而成, 本质上也不如女性纯洁和干净;"女人明显要优于男人, 有了女人, 才有男人的救赎。女人是第一个信神的, 也是第一个悔罪的"。除了对《圣经》提出异议和反抗, 简还把女性从事的家务劳动——这项永远被认为是女人本分的事业这样总结道,"没有我们的照顾, 他们会像正在产崽的饿狗一样躺在床上, 像脏鲐鱼一样, 在夏天的热浪里, 游来荡去"。多么锋利的语言, 对女人的同情、男人的讥讽都表露无遗。

除了简·安杰, 1611年艾米利亚·兰耶在自己的诗歌里提出了这样的话语, 提醒所有的女性读者基督的圣子是这样来到人间的:"由女人怀上, 由女人诞下, 由女人哺育, 对女人顺从……他治愈女人, 宽恕女人, 安抚女人……他复活后, 首先献身给一个女人。"[1]这些话语都反映出简等早期的女权主义者坚信女性已经得到了上帝的宽恕, 女性可以拥有自己的思想, 否则, 夏娃的后裔玛利亚就不会成为圣子基督的生母。

17世纪是一个动荡的时代, 宗教改革衍生出众多教派和小团体, 这些都使得女性有了自由发挥自己能力的场所和机构。尤其是由于宗教原因移民美洲和荷兰的英格兰传教士中女性占了不小比例, 她们同样发挥了不可替代的作用, 她们思想活跃、谈吐得当, 激励了越来越多的女性相信自己的能力, 开启了她们的心智, 点亮了她们的灵魂。

英国的贵格会, 即基督教的公谊会提出"内心之光比任何外在仪式更为重要"。浸礼宗、独立会、家庭会等众多宗教派别开始提出近乎一样的观点, 那就是每个个体必须获得精神上的再生。无论男人还是女人, 都能和牧师一样在天堂和地上获得释放。

17世纪的贵格会是当时宗教教派中对女性比较重视的。贵格会允许女性就教会事物进行公开辩论和投票。认为基督既存在于男人, 也存在于女人, 拥有基督灵性的人, 都拥有话语权。

看到女性可以从事教会事务, 并且可以发言, 宗教内部和外部都出现了很大的反对声

---

① 玛格丽特·沃特斯:《女权主义简史》, 第170页。

浪。英国诗人约翰·维卡斯满腹怨气地牢骚："胆大妄为的家庭主妇们，没有一点女性的谦卑，高谈阔论，全然不顾使徒的禁忌。"英国清教牧师约翰·班扬坚决反对女性参与教会事务，他说"男人是礼拜的头领，是神的园子的守护者"，除此之外，他还讽刺地说"女人要做的就是闭紧嘴巴，安静地洗耳恭听"。

面对着声势浩大的反对和排挤，17世纪70年代英国的"贵格会之母"教徒玛格丽特·菲尔出版了一本名为《论女人说话之正当性》的小册子，在册子中，玛格丽特将那些因为性别因素不允许女性说话的人，比作是蛇的后代，玛格丽特鼓励所有的从事教会事务的女性勇敢地做自己可以做的事务，女性和男性同等地位，都是上帝的传话使者。

第二节 精准的预言

17世纪的英格兰，具有预见能力或者说是受到先知启示的女性，在灵感和疯癫之间，容易被认为成女巫，或者往往被当做是疯子对待。但即便在大肆屠杀女巫的血雨腥风中，依然有两位伟大的女性先知，她们的故事不只带来鼓励，更打消男性的气焰。

1625年的某个清晨，埃莉诺·戴维斯夫人听到一个来自天堂的声音，然后，她听到了犹如号角一般的话语"离最终审判日还有19年零6个月"。接着，戴维斯夫人出版了一本小册子，里面甚至预言了查理一世的死亡。她的丈夫烧了她的小册子，并且讥讽她；人们编了各种笑话、字母游戏来嘲笑她，笑称她是最疯癫的疯子。戴维斯夫人自己并不为之所动，即便人们给她扣上叛国罪的帽子，她依然坚持自己的预言。高等宗教事务所判处她进入精神病院。但是随着空位期（从1649年查理一世被处决到1660年查理二世复辟的这段时期）的到来，戴维斯夫人的许多预言都被证实是正确的，于是，她又恢复了正常的生活。

第二位先知女性是安娜·特拉普内尔。她在1654年陪同一位男性传教士到白厅区，结果在白厅陷入了12天的昏睡，醒来后民众都跑到她那里聆听真谛和预言。特拉普内尔一直坚持以诗歌的形式讲述神的旨意，克伦威尔当局把她视为疯子并开庭审问，不料，特拉普内尔以自己卓越的口才和智慧战胜了法庭，克伦威尔政府相信了她的预言，并当庭释放了她。

这两位女性先知的事迹告诉当时的女性,女人是可以拥有智慧,并且有资格接受神的启示向男性传达神的旨意和精神的,在宗教事务上女性的能力丝毫不输于男性。宗教框架下的女权意识虽然是有限的,但这是一个很好的转折和开端,女性可以自由地参与各个宗教派别的事务,这不仅让女性获得了初级教育,即识字、阅读等机会,更培养了女性的管理能力、协调能力。女性以其独特的女性魅力向天下昭示了自己的存在是有意义的存在,女性掌控事务所的金钱也让女性明白了自己的独立要建立在金钱独立的基础上。17世纪是一个代表着女性的觉醒的时代,代表着女性和男性的精神平等时代的来临。

经过女修士和预言家的努力,17世纪50年代男性例会和女性例会同时召开。女性经历曲折和嘲笑,重新在历史上崭露头角。

第三节　女王的影响

1558年英格兰女王伊丽莎白登基,不但鼓舞了女性追求自己的抱负和理想,更让那个时期的女性明白,即便自己生为女儿身,但是依然可以拥有男人般的意志、心胸、勇气和头脑。

伊丽莎白的登基和后来的政绩,代表着女性的参与不仅仅限于宗教框架内部,也可以扩展到社会层面,她被誉为"17世纪英格兰最博学的女性"。巴斯阿·梅金曾经是查理一世女儿的家庭教师,创立一所女子学校。巴斯阿认为,男性之所以不让女性进入学校进行系统学习,是怕女性抢走自己的霸权地位,只有把女性变成了"无知的傻瓜",才可以更加便利地压迫和管理女性。巴斯阿鼓励女性全面进行学习,不仅仅限于宗教,还要学习礼仪、文化和艺术等。但是巴斯阿的主张依然有局限性,那就是她依旧主张淑女的标准包括擅长家务、贤妻良母等标签。

在这里,引用玛格丽特·卡文迪什的几句话,解释当时女性渴望教育,而又得不到机会的心理:

> 我们被当做笼中之鸟,在自己的房子里上蹦下跳,不得翱翔于外面的天空……我们被拒于所有的权力和权威之外,由于我们从未得到过文职或军职,我们的意见遭到鄙视和嘲笑,我们最出色的成就在耻笑声中被践踏,因为男人们对自己过于

自负，对我们不屑一顾。[①]

正是因为男性对女性在受教育方面的压制，所以女性不能获得学习知识、锻炼能力和增长见识的机会，即便自己有管理宗教事务的能力、行政能力和财务能力，依然会被拒在权力的大门之外，注定只能活动在自己家的庭院、小小的宗教事务所和狭窄的蓝天之下。

但是从另一方面讲，正是女王的登基才使得一批贵族的公爵夫人们有了正当写作、发表哲学诗歌，并且号召让所有中产阶级女性接受教育的动力。对社会上存在已久的"女性写作就是罪过"、"女性不可以侵犯男人的教育权利"等，扔出了一个重磅炸弹，粉碎了一些男权绝对主义者的疯话，也带动了更多的女性进入自己力所能及的领域，争取经济上的独立，进而获得自尊和自信。

法国的克里斯提娜·德皮桑是第一位以写作为生的西方妇女，她提出"一个人的贵贱在于内在而不是性别"；纳瓦拉的玛格丽特抨击了厌女症的男性，为妇女辩护；荷兰的安妮认为"凡是能使人类头脑充满奇异而真切的愉悦的事物，同样适合人类中的女人"；阿芙拉成为英国第一位女性剧作家。这些敢于迈出第一步的女性都是诞生在女王时代，她们不屑于男性的嘲弄，果断地做自己喜欢和擅长的事业，不仅养活了自己，也让男性深切地明白女性通过辛勤的劳动也可以将自己脑子里的智慧转化为金钱，金钱足以让女性脱离男性的支配。经济的独立换来女性身为自己的尊严，让女性憧憬了几十个世纪的梦想化为了现实。

还有另外一位女性作家是这个时期的佼佼者，她的名字就是玛丽·阿斯特尔，她至今仍被认为是最早的真正的女权主义者，第一个探究并维护女性思想的女性作家。独立并且明确提出了女性不可以无条件服从于男性的大声疾呼，使阿斯特尔成为那个时代最激进也是最系统的女性主义者。她的行动被誉为英国第一次稍具规模的女性主义抗争。

从青少年时代开始，阿斯特尔便开始书写一些诗歌，表达自己身为女性对于迷惘未来的担忧。作为一个有才能的女性，在现实社会几乎不会有机会和领域让她施展才华，这种现实就仿佛是心头的大石头压得她无法喘息。即便在这样不利和压迫的环境下，21岁的阿斯特尔还是毅然决然地带着零星的盘缠，离家开始了独立的漫长的伦敦之行。

17世纪的伦敦虽然允许女性参与一定的宗教事务，但是在社会生活方面，尤其是可以

---

① 玛格丽特·沃特斯：《女权主义简史》，第182页。

带来收入的职场男性是不允许女性进入的。女作家、女剧作家和女演员都被人们视为"疯癫"、"低下"的职业，只会招来冷嘲热讽。身在伦敦的阿斯特尔既得不到亲友的赞助，也得不到可以获得收入的工作，万般无奈和绝望下，笃信宗教的阿斯特尔给当时的坎特伯雷大主教威廉·桑克罗夫特写了求助信：

> 既然神赋予了男人和女人同样智慧的灵魂，怎么能够禁止他们改善这些灵魂呢？既然他没有拒绝赋予我们思考的能力，为什么我们不能（至少为表感激之情）将我们的思考奉献于他这个尊贵的对象之上，而不是把它们用在琐事、作乐和事务之上呢？[①]

大主教被阿斯特尔的聪慧所打动，她真诚的话语表露出她作为女性强烈渴望将自己的智慧、才能发挥价值。不久之后，伦敦的知识女性成了阿斯特尔的终生挚友，她们给她接济、帮助，在这样友好的朋友圈关注下，第一本启发女性思考自己存在的书——《对女士们的严肃提议》出版了！书中表达了阿斯特尔这样的思想：第一，女性如果想获得尊重，自己首先必须认真对待自己，自己思考，自己努力提高自己的素养和能力；第二，不可以一味地顺从男性，听从他们发号施令；第三，男权社会给女性制定的所谓的"优雅女士的标准"都是浪费时间，女性应该把这些时间花在接受良好的教育上，头脑的清醒胜过任何男性对自己外貌的夸奖，镜子里面的自己终究敌不过时光的摧残，只有脑子里的才华、自己的技能可以伴随终身。

在这本书里，阿斯特尔还描述了一个理想的世俗女修道院，女人们一起生活，没有歧视，没有压迫，女性之间互相鼓励、学习，这就仿佛是伊甸园一般，但是只属于女性。

阿斯特尔这样告诫所有的女性同胞，"如果我们把自己的功劳都置于他们'男人'的名下，认为自己所能够做的无非是可怜地去征服某个一无是处的人，而无力做一些更为崇高的事情，那我们也未免太抬举他们而过于贬低自己了"。[②]阿斯特尔的话语总是一针见血，透过看似高傲、冷漠的言语流露出自己对于女性现状和未来的深刻分析和担忧。

宗教事务确实给了女性施展能力的窗口，但是这终究只是宗教内部而已，女性和男性

---

① 玛格丽特·沃特斯：《女权主义简史》，第189页。
② 玛格丽特·沃特斯：《女权主义简史》，第190页。

处于同一片天空下，理应享受同样的受教育权、话语权和自主权。

除了提倡女性受教育之外，阿斯特尔鼓励同一时期的女性作家正视自己的才华，同时，鼓励周围的女性对女性作家给予支持和鼓励，一个女性作家的成功来自周围女性朋友的认可和追随。

1700年，阿斯特尔出版了一本阐述自己看待婚姻的态度的书——《对婚姻的一些沉思》，书中有这样一句话，"可怜的女人除了找一个丈夫之外，可曾有人教她应该有一个更高的理想"，这里面折射出千百年来女性的悲凉地位，自己丈夫就是自己的全部、自己的指挥官、自己的粮食供应者、自己的主人。难道女人生来就是如此这般不堪吗，难道在这个男人主宰的世界里就没有女人的立身之所吗？在这本关于婚姻的书里，阿斯特尔经过冷静的思考，阐述了女子摆脱附属品身份及摆脱君主、丈夫的可行而且是必需的方法——接受高等教育。17世纪，由于宗教的大改革，社会也产生了许多动荡的想法，越是在混乱的时代，女性越是需要一个可以为自己指明未来的导师和先行者，帮助她们确立明确的目标，给她们培训课程，教会她们必要的知识技能，才可以让女子有安身立命的本领。换句话说，只有女人可以自己养活自己，才可以进一步谈到自由和解放。女性如果不鼓励自己开发智力和培养能力，那么自由就无从谈起，注定一辈子活在男人的阴影之中。这种明确、大胆的表达，鼓舞了女性坚持做自己的决心，可以说，这是一个划时代的想法和做法，直到18世纪末期，这种类型的女性宣言才开始正式大范围展开，但是伦敦的阿斯特尔确实是这方面的先驱和榜样，是女性独立历史上不可磨灭的光辉人物。

基于阿斯特尔对于女性的鼓励和巨大帮助，越来越多的男性开始抨击和挖苦她和她的作品，在巨大的外部压力下阿斯特尔最终停止了写作，但是，这并不表示阿斯特尔停止了对女性独立的追求。1709年，伴随着建立学校的社会风潮，阿斯特尔和她的忠实朋友们建立了一所慈善学校，给许多的女性提供了工作的机会，女性规划自己的学校，一部分女性甚至加入到了教学工作。

第四节　圈地运动

15世纪前的英国是一个以农业为主的国家，虽然有着养羊的传统，但是羊毛等纺织业几乎都是供应国内消费，因此，大量的平民还是以农业为主，有的农民用着自己世代播种的土地，有的农民靠租的方式租种庄园主的土地，有的甚至是终身续租，这种社会模式就延续了"男人种地，女人持家"、"男人赚钱，女人服从"的传统。但是，随着15世纪新航路的开辟、国际贸易的开始和继续强势发展，从意大利的佛罗伦萨开始，到法国的佛兰德尔，最后到海洋地理位置独特的英国牛津等众多港口都经历着翻天覆地的根本性变化。

首先，就是羊毛的需求量大大增加，制呢业、毛纺织业都急需大量的原材料——羊毛。于是，市场规律开始悄悄地打开了阀门，以金钱的形式，供求关系开始渗透到人民的大脑，准确地说，是大庄园主的大脑。

羊毛的需求量激增使羊毛的价格一路飞升，相比收获缓慢的农耕模式，养羊明显可以带来更加快速和数目惊人的收获，但是养羊需要大片的土地，于是，贵族们纷纷把原来租种他们土地的农民赶走，甚至把他们的房屋拆除，把可以养羊的土地圈占起来。一时间，英国到处可以看到被木栅栏、篱笆、沟渠和围墙分成的一块块的草地。被赶出家园的农民则变成了无家可归的流浪者。这就是圈地运动。

当时一位著名的作家托马斯·莫尔在《关于最完美的国家制度和乌托邦新岛的既有益又有趣的金书》一书中写道："绵羊本来是很驯服的，所欲无多，现在它们却变得很贪婪和凶狠，甚至要把人吃掉，它们要踏平我们的田野、住宅和城市。"

在英国如森林、草地、沼泽等都属于公共用地。一些贵族利用自己的势力，首先在这里扩大羊群，强行占有这些公共用地。当这些土地无法满足贵族们日益扩大的羊群需要时，他们又开始采用各种方法把那些世代租种他们土地的农民赶出家园，甚至把整个村庄和附近的土地都圈起来变成养羊的牧场。

有势力的大农场主用各种手段把农民从他们的土地上赶走，欺骗和暴力都是经常使用的手段，大地主把牧场和其他土地用篱笆围上，作为自己所有。为了扩大面积，有些房屋被拆毁。在金钱的驱使下，为了圈占更多的土地，有的农民被暴打致残，甚至失去生命。

英国的圈地运动从15世纪70年代开始一直延续到18世纪末。英国全国一半以上的土地都变成了牧场。在圈地运动的发展过程中，虽然英国国王也进行了一定程度的限制，颁布了一些企图限制圈地程度的法令，但这些法令并没起多大的作用，反而使圈地日益合法化。为了使被驱逐的农民尽快地安置下来，英国国王在颁布限制圈地法令的同时，也限制流浪者，目的是让那些从家园中被赶出来的农民去接受工资低廉的工作。凡是有劳动能力的游民如果不在规定的时间里找到工作一律加以法办。通常，对于那些流浪的农民，一旦被抓住，就要受到鞭打，然后送回原籍。如果再次发现他流浪，就要割掉他的半只耳朵。第三次发现他仍在流浪，就要处以死刑。后来，英国国会又颁布了一个法令，规定凡是流浪一个月还没有找到工作的人，一经告发，就要被卖为奴隶，他的主人可以任意驱使他从事任何劳动。这种奴隶如果逃亡，抓回来就被判为终身的奴隶。第三次逃亡就要被判处死刑。任何人都有权将流浪者的子女抓去当学徒、当苦役。亨利八世和伊丽莎白两代国王统治时期，曾经处死了大批流浪的农民。

圈地使英国的农民数量越来越少，失去土地的农民只好进入城市成为城市无产者。为了活命他们不得不进入生产羊毛制品的手工工场和其他产品的手工工场，成为资本家的廉价劳动力。在这种手工工场里，工人的工资十分低，而每天要工作十几个小时。18世纪后，英国国会通过了大量的准许圈地的法令，最终在法律上使圈地合法化，英国农民的人数为此减少到了有史以来的最低数量。圈地运动为英国的资本主义的发展提供了有利的条件，为它准备了大量的、除了自己的劳动力之外一无所有的劳动者。

"圈地运动"踏上了历史，证明了羊的确可以吃人。"圈地运动"首先让旧的贵族明白金钱和市场、金钱和贸易的关系，他们一方面获得了大量利润，一方面成为新的资产阶级，成为后来推翻都铎王朝、支持资本主义革命的先驱力量；另一方面，土地被剥夺的农民成为了自由劳动力，农夫和农妇、男性和女性都可以进入市场，靠自己的劳动获取报酬。

随着男女都可以进入手工工场工作获得报酬，从前男主外、女主内的传统得到了改变和颠覆。这种社会环境、同工现象给阿斯特尔的女权思想提供了沃土，阿斯特尔提出了这样的观点：第一，女性的丈夫不一定高于自己；第二，单身未婚女性不需要听从男人的命令；第三，受过教育的女人如果可以自食其力，那么就可以不结婚；第四，女人的生活目标不应当只是一味追求美貌以便吸引到一个男人同自己结婚，而应当注重改进自己的灵魂；最后，她提出应当建立女性自己的社区，过一种摆脱男人的生活。此外她还指出，男女有同等的理性能力，两性应当受到同等的教育，以便在社会生活中运用其智慧。

第五节　翻天覆地的工业革命

千百年来，无论中国还是外国，妇女一生都是以男人和家庭为中心，"男人耕地，女人守锅台；男人佩刀剑，女人掌针线；男人有头脑，女人有心地；男人发号令，女人愿听命"，这就是所有女性一辈子生活的写照，如果说阿斯特尔启蒙了女性走出厨房、出去工作的思想，那么，英国的第一次工业革命则带来了彻底的、翻天覆地的社会模式的变革，由于蒸汽动力的出现，男性和女性体力的差别逐渐消失，大量的女性可以走入工厂，女性和男性可以同时工作，给女性的解放插上了翅膀。

1765年珍妮纺纱机和水力纺纱机的发明，开始将工人组织到以机器为核心的生产中，标志着工业革命的开始。1776年，英国的发明家詹姆斯·瓦特制造出第一台有实用价值的蒸汽机。以后又经过一系列重大改进，使之成为"万能的原动机"，在工业上得到广泛应用。他开辟了人类利用能源新时代，标志着工业革命的开始。后人为了纪念这位伟大的发明家，把功率的单位定为"瓦特"。

瓦特在原有蒸汽机基础上发明的新式蒸汽机结构在这之后的50年之内几乎没有什么改变。瓦特蒸汽机发明的历史意义是难以估量的，它被广泛地应用在工厂成为几乎所有机器的动力，改变了人们的工作生产方式，极大地推动了技术进步并拉开了工业革命的序幕。它使得工厂的选址不必再依赖于煤矿而可以建立在更经济、更有效的地方，也不必依赖于水能从而能常年地运转，这进一步促进了规模化经济的发展，大大提高了生产率的同时也使得商业投资更有效率。蒸汽机为一系列精密加工的革新提供了可能，更高的工艺保证各种机器包括蒸汽机本身的性能提高。经过不断努力，引入更高气压的蒸汽，蒸汽火车、蒸汽轮船便很快相继问世。

瓦特改进、发明蒸汽机是对近代科学和生产的巨大贡献，具有划时代的意义，它导致了第一次工业技术革命的兴起，极大地推进了社会生产力的发展。到19世纪30年代，蒸汽机广泛应用到纺织、冶金、采煤、交通等部门，很快引起了一场技术革命。蒸汽机的发明和改进使工厂不再依河或溪流而建，很多以前依赖人力与手工完成的工作自蒸汽机发明后被机械化生产取代。工业革命是一般政治革命所不可比拟的巨大变革，其影响涉及人类社会生活的各个方面，使人类社会发生了巨大的变革，对推动人类的现代化进程起到了不可替代的作用，把人类推向了崭新的"蒸汽时代"。

工业革命为妇女的角色转型提供了新的社会生活与工作空间。当资本将女工吸引到社会劳动中去后，妇女不得不搬离乡村，走出家庭，走向工厂，成为城市的劳动力和市民。在工厂，妇女们多了工友、同事、上司等社会角色，构建起新的社会关系网络。在集体劳动的环境中，映入女工眼帘的不再只是自己个人的痛苦，而是同一阶级兄弟姐妹的共同命运，于是她们同心协力为了共同的利益展开斗争,通过群体的力量走向自我觉醒,对她们的角色转型起到促进作用。"新兴工厂内,女工们成群结伴一起工作,并且有生以来第一次在每星期发放工资时,手中握有实实在在的劳动所得",如英国兰开夏地区,参加工厂劳动的16~25岁的女孩子,能为自己积攒100英镑左右的嫁妆。19世纪中期工厂女工参加社会生产劳动,从家庭的附属品转变成为拥有独立工资收入的劳动者,打破了两性分工的绝对界限,缓解了男女两性在社会生活中的根本差异。

瓦特发明的新动力蒸汽机被广泛应用于纺织业,不久建立起现代意义的大工厂。工业化使复杂的工艺分解成简单、对体力要求不高的工作,对农村底层及移民妇女加入劳动力市场产生极大的推动作用。工业化发明生产出多种廉价方便的家用设施,如洗衣机、电烤箱、电暖炉、吸尘器,这些发明使家务工作越来越简化,家庭的功能日趋简单,妇女从繁重的家务劳役中解放出来。随着土地兼并的加剧,人们丧失了赖以生存的土地。大工厂制的排挤使从事棉纺手工业的劳动妇女逐渐破产,为了生存不得不进入到大工厂中。资本家总是希望投入最少的资本获取最大的收益,所以早期的工厂主都愿意雇佣女工和童工。正如马克思指出的"资本主义使用机器的第一个口号就是妇女劳动和儿童劳动"。一位英国工厂视察员也曾在议会作证说:"最大数量被雇佣来上夜班和长时间上白班的人是女性,她们的劳动更便宜。"

工业化和城市化给妇女带来新的发展空间,也让她们付出巨大的代价。工厂主从最大限度获取剩余价值出发,制定了严苛的剥削和压榨的规章,把工人当成活的"机器"。女工每天工作15~16小时,即便是上厕所也要由监工来安排,工厂主不允许工人喝水,只让她们在轰轰作响的机器边不停地工作。车间中温度高、空气不流通,资本家却不准女工擅自开窗,"如果发现哪个纺纱工人把窗子打开的话,就要处罚她一个先令"。长时间站立和走动,使女工一直处于劳累状态,身体发生变形,背痛、腰腿痛、关节肿胀、静脉曲张等疾病使女工未老先衰。除此之外,男女同工不同酬是工业革命时期非常普遍的现象。女工完成与男工同样的工作量,但全日制女工平均工资大约是男工的三分之一,就是这么微不足道的工资女工们也不一定能全部拿到手。当劳动力市场供大于求的时候,她们受到男性的排挤而更容易失业。

即便是面对这样的形势,女工的队伍依然迅速壮大。截至1839年,棉纺织厂女工大约有14万人,占棉纺工人总数的一半以上,毛纺织厂女工、丝织厂女工、麻纺厂女工的数量都远远超过半数以上。英国在业女性分布在纺织、服装、采矿、金属、帮佣、造纸、印刷、食品等行业，几乎每个工业部门都可以看到女工的身影，女性劳动力得到广泛使用。到19世纪末，妇女外出工作已经很普遍，出现了不少女教师、女医生，甚至还有妇女担任济贫委员会的委员、参加地方事务的管理。

女工可以领到自己的报酬，继而就会追求自己的教育。英国于1848年创办了第一所女子学院，"在这些学校中，妇女不仅发现自己是有才智的，还体验到了一个强化的女性社会，认识到了妇女与男子不同的特殊使命"。教育直接壮大了中产阶级女性队伍，并为女权思想萌生奠定了阶级基础。在工业化过程中出现的自由主义思想理论又推动了女权运动，如穆勒在《妇女选举权的授予》、《代议制政府》中为两性政治平等的原则辩护。他指出只有妇女与男子享有平等的法律地位、受教育权利、就业权利，妇女才能真正享有自由权。妇女参政是保障自身权利的主要手段。

一方面是资本家严苛的、没有人性的剥削，一方面是女性可以更加容易地获得教育的机会，开启她们的心智，随着女工大量渗入到社会的各个行业，大规模的革命势在必行。于是，在工业革命的催化下，女性受到教育的同时也受到资本家的盘剥和压迫，以女工为主的大规模的女性革命马上就要爆发。

1832年，利兹有1500多名梳棉机安装女工举行罢工；1833年，格拉斯哥的所有手织和机织女工为争取与男工同工同酬举行联合罢工。女工人多势众，经常使生产陷于停滞，给统治者带来了威胁。19世纪30~40年代，当英国工人阶级第一次发起全国性反对资本主义制度的宪章运动时，1848年出现全国妇女宪章协会，女工开始有自己独立的组织，使宪章运动产生震古烁今的影响，加快了妇女的自我意识和权利意识的觉醒。英国议会迫于工人运动压力，通过一系列有关女工的法令，也在一定程度上改善了女工的劳动状况。恩格斯在《家庭私有制和国家起源》中指出，"妇女解放的第一个先决条件就是一切女性重新回到公共劳动中去"。英国妇女以前所未有的勇气和毅力投入了工业化的时代潮流，为第一次女权运动奠定了良好的基础。

所有的社会模式的更迭都是伴随着一定的经济基础和技术革新，农业模式下的和平母系社会，冶金经济下的暴力父系时代，伴随着生产力的进一步发展，注定会带来一场翻天覆地的大变革，这就是文艺复兴——西欧近代三大思想解放运动之首。文艺复兴的到来注定将彻底地打击封建宗教势力，唤醒人们的心智。

第六节　文艺复兴

"文艺复兴"一词的原意是指"希腊、罗马古典文化的再生",是指13世纪末在意大利的佛罗伦萨兴起,以后扩展到意大利众多城市,甚至到西欧各国,于16世纪在欧洲盛行的一场思想文化运动。它带来一段科学与艺术革命时期,揭开了近代欧洲历史的序幕,被认为是中古时代和近代的分界。马克思主义史学家认为它是封建主义时代和资本主义时代的分界。"文艺复兴"在人类文明发展史上标志着一个伟大的转折。它是新文化,是当时社会的新政治、新经济要求的反映,是新兴的资产阶级在思想和文化领域里的反封建斗争。

文艺复兴的核心是人文主义精神,主张以人为中心而不是以神为中心,肯定人的价值和尊严。主张人生的目的是追求现实生活中的幸福,倡导个性解放,反对愚昧迷信的神学思想,认为人是现实生活的创造者和主人。文艺复兴首先解放了受宗教压迫和禁锢的信徒们;其次,解放了女性,为女权主义运动的兴起奠定了基础。

人文主义起源于14世纪下半叶的意大利,其后遍及整个西欧地区。人文主义者以"人性"反对"神性",用"人权"反对"神权"。他们提出"我是人,人的一切特性我无所不有"的口号。他们非常不满教会对精神世界的控制,他们要求以人为中心,而不是以神为中心,他们歌颂人的智慧和力量,赞美人性的完美与崇高,反对宗教的专横统治和封建等级制度,主张个性解放和平等自由,提倡发扬人的个性,要求现世幸福和人间欢乐,提倡科学文化知识。所以,人文主义的理念,其重点是"人",是"人"的本能的发挥,是"人"追求真、善、美的动力。

恩格斯曾高度评价"文艺复兴"在历史上的进步作用,他写道:"这是一次人类从来没有经历过的最伟大的、进步的变革,是一个需要巨人而且产生了巨人——在思维能力、热情和性格方面,在多才多艺和学识渊博方面的巨人的时代。"

文艺复兴的历史意义,首先是人的发现。在中世纪,理想的人应该是自卑、消极、无所作为的,人在世界上的意义不足称道。文艺复兴发现了人和人的伟大,肯定了人的价值和创造力,提出人要获得解放个性应该自由。不但重视人的价值,要求发挥人的聪明才智及创造性潜力，反对消极的无所作为的人生态度，提倡积极冒险精神，还重视现世生活，藐视关于来世或天堂的虚无缥缈的神话，因而追求物质幸福及肉欲上的满足，反对宗教禁欲主义。在文学艺术上要求表达人的感情，反对虚伪和矫揉造作；再者，重视科学实验，反对先验论；强调运用人的理智，反对盲从；要求发展个性，反对禁锢人性；在道德观念上要求放纵，反对自我克制；提倡"公民道德"，认为事业成功及发家致富是道德行为；最后，提倡乐观主义的人生态度。这些不可抑制的求知欲和追根究底的探求精神，为创造现世的幸福而奋斗的乐观进取精神，把人们从中世纪基督教神学的桎梏下解放出来，资产阶级正是在这种精神的指引下创造近代资本主义世界的。

第二，文艺复兴打破了宗教神秘主义一统天下的局面，有力地推动和影响了宗教改革运动，并为这个运动提供了重要的助力。文艺复兴提倡重视现世生活，反对权威，在当代人中间唤起了对天主教会及神学的怀疑和反感。文艺复兴中的人文主义者通过文学、艺术等形式讽刺、揭露天主教会的腐败和丑恶。

第三，文艺复兴打破了以神学为核心的经院哲学统一的局面，为以后的思想解放进步扫清了道路，使各种世俗哲学兴起。其中有英国的经验论唯物主义（培根），它也推动了政治学说的发展；马基雅维利为后来启蒙运动奠定了基础；霍布斯、洛克等一大批思想家发展起"自然权利"、"社会契约"、"人民主权"及"三权分立"等理论。

第四，否定了封建特权。在中世纪，封建特权是天经地义的，门第观念根深蒂固。文艺复兴则使这些东西在衡量人的天平上丧失了过去的重量，人的高贵被赋予新的内涵。彼特拉克说："真正的贵族并非天生，而是自为的。"在当时意大利的社会生活中，才干、手段和金钱代替了出身门第，成为任何出身的人爬上社会高层的阶梯。

第五，破除迷信，解放思想。文艺复兴恢复了理性、尊严和思索的价值。虽然文艺复兴在哲学上成就不大，但是它摧毁了僵化死板的经院哲学体系，提倡科学方法和科学实验，提出"知识就是力量"，开创了探索人和现实世界的新风气。人们坚信自己的眼睛和自己的头脑，相信实验和经验才是可靠的知识来源。这种求实态度、思维方式和科学方法为17—19世纪的自然科学的大发展打下了坚实的基础。

第六，文艺复兴时期创造出大量富有魅力的精湛的艺术品及文学杰作，成为人类艺术宝库中无价的瑰宝。中世纪，圣经传说充斥艺坛，窒息了艺术的生命。文艺复兴则不但把圣母变成人间妇女（拉斐尔）、把图像化为对人体的歌颂，而且开始了日常生活和现实人的直接描写，解剖、透视等科学也第一次结合于艺术。西欧近代现实主义艺术从此发端。这场广泛持久的思想文化运动，在意识形态领域中冲破了封建专制和宗教神学思想对人的束缚，解放了人的思想，推动了欧洲文化思想领域的繁荣，为欧洲资本主义社会的产生奠定了思想文化基础。

第四章　为自由而战

第一节　辉煌的意大利

关于文艺复兴为何出现在意大利的佛罗伦萨，学者给出了这样的分析。首先，14世纪末，随着奥斯曼对东罗马帝国的不断侵略，东罗马人民在逃难的同时将大量的古希腊、古罗马文化典籍和艺术珍品带到了意大利商业发达的城市。一些东罗马的学者在意大利的佛罗伦萨办了一所叫"希腊学院"的学校，讲授希腊辉煌的历史文明和文化等。于是，许多西欧的学者要求恢复古希腊和罗马的文化和艺术。这种要求就像春风，慢慢吹遍整个西欧。文艺复兴运动由此有了坚实的文化基础。

其次，14世纪的意大利佛罗伦萨是一个大型商业城市。十字军东征令欧洲人眼界大开，得以一窥东方的财富，尤其是丝绸、香料和棉布。威尼斯、热那亚、佛罗伦萨和其他城市的商人都争相取得欧洲与东地中海之间的贸易。特别是，1295年威尼斯商人出身的马可波罗出版了一本具有开启东方大门作用的《东方见闻录》，由此引发了欧洲人对高度文明、富饶的东方世界强烈的探索欲望，最终开阔欧洲人的视野。东西方文化的交流导致了文艺飞速发展。

这些商人从商业活动中累积了多余的财富后，便开始以艺术来美化自己的家乡和城市。雕刻品、绘画、建筑、音乐、诗歌和文学找到新的表达方式展现有趣的主题，超脱了从中古时代起就一直占有主导地位的宗教题材。它们普遍描绘日常生活、骑士故事和冒险情节，欧洲的文化因而变得更有人性，宗教的成分也随之减少。

第三，东西方互通有无，使得意大利的技术得到更新，更有效的商品与服务应运而生。制造、农耕、贸易和航海技术都得到改进与发展，大幅超越古代的成就。对利润的欲求鼓励了创造和探索。随着衰退中的贵族不断消失，中产阶级的商人和工匠开始争取能与他们经济力量对等的政治权利。

　　第四,中世纪后期意大利的政治结构十分独特,部分学者推理说,当地与众不同的社会氛围为意大利出现罕见的文化繁荣提供了必要条件。首先,意大利并非一个统一的政治实体,而是由一些城邦和领地组成:控制着南部的拿波里王国,位于中部的佛罗伦萨共和国和教皇国,位于北部和西部的热那亚与米兰,以及位于东部的威尼斯。

　　14世纪后,各城市逐渐从共和制走向独裁。独裁者耽于享乐,信奉新柏拉图主义,希望摆脱宗教禁欲主义的束缚,大力保护艺术家对世俗生活的描绘。与此同时,各会的宗教激进主义力图摒弃正统宗教的经院哲学,歌颂自然的美和人的精神价值。罗马教廷也在走向腐败,历届教皇的享乐规模比世俗独裁者还要厉害,他们也在保护艺术家,允许艺术偏离正统的宗教教条。哲学、科学都在逐渐地朝着比较宽松的气氛发展,也酝酿着宗教改革的前奏。

　　此外,15世纪的意大利是欧洲城市化水平最高的地区。许多意大利城市就建立在古罗马建筑的废墟之上,这就给文艺复兴提供了充分的条件。

　　弗赖辛主教奥托(1114—1158年)在12世纪来到意大利时,曾注意到这里出现了一种新的政治和社会组织形态,并观察到意大利似乎已开始脱离封建制度,将商人和商业作为其社会基础。1338—1340年,意大利的艺术家安布罗焦·洛伦采蒂通过一幅壁画《好政府与坏政府的讽喻》,表达出了当时从商业中获得巨大利益的早期资产阶级的反君主制思想,这幅画传达出了对公平、公正、共和与善治的强烈渴盼。尽管受到教廷与神圣罗马帝国的牵制,但这些城市共和国依旧不懈地追求着自由的理念。

　　总而言之,地中海沿岸贸易中心、丝绸之旅的重要中转站的外部经济条件,意大利本身独特的多元化政治体系,大量古希腊、古罗马文化典籍从东罗马帝国传到意大利,都给资本主义的萌芽、产生提供了精神和物质的保障,资产阶级及新兴的商业人士希望冲破教会神学的束缚,在政治上也有权力。

　　14世纪时,随着工场手工业和商品经济的发展,资本主义关系已在欧洲封建制度内部逐渐形成。在政治上,封建割据已引起普遍不满,民族意识开始觉醒,欧洲各国大众表现了要求民族统一的强烈愿望。从而在文化艺术上也开始出现了反映新兴资本主义势力的利益和要求的新时期。新兴资产阶级认为中世纪文化是一种倒退,而希腊、罗马古典文化则是光明发达的典范,他们力图复兴古典文化——而所谓的"复兴"其实是一次对知识和精神的空前解放与创造。表面上是要恢复古罗马的进步思想,实际上是新兴资产阶级在精神上的创新。

　　资本主义萌芽的出现也为这场思想运动的兴起提供了可能。城市经济的繁荣使事业成功、财富巨大的富商、作坊主和银行家等更加相信个人的价值和力量，更加充满创新进取、冒险求胜的精神，多才多艺、高雅博学之士受到人们的普遍尊重。这为文艺复兴提供了深厚的物质基础和适宜的社会环境，以及人才。

资本主义的萌芽是商品经济发展到一定阶段的产物，商品经济是通过市场来运转的，而市场上择优选购、讨价还价、成交签约都是斟酌思量之后的自愿行为，这就是自由的体现。当然要想有这些"自由"还要有生产资料所有制的自由，而所有这些自由的共同前提就是人的自由。此时意大利呼唤人的自由，陈腐的欧洲需要一场新的提倡人的自由的思想运动。

文艺复兴运动首发于意大利，后经传播由地中海沿岸转移到大西洋沿岸，出现了著名的如罗马、佛罗伦萨、威尼斯及尼德兰等一系列新型城市，资本主义工商业开始茁壮发展，资本也开始源源涌入新兴资产阶级的囊中，为同时进行的新航路开辟、宗教改革及今后的资产阶级革命或改革提供了必要条件。

文艺复兴运动使正处在传统的封建神学的束缚中的思想慢慢解放，人们开始从宗教外衣之下慢慢探索人的价值，作为人这一个新的具体存在，而不是封建主及宗教主的人身依附和精神依附的新时代。文艺复兴运动充分地肯定了人的价值、重视人性，成为人们冲破中世纪的层层纱幕的有力号召。文艺复兴运动对当时的政治、科学、经济、哲学、神学世界观都产生了极大影响，是新兴资产阶级在意识形态领域里的一场革命风暴，也被称为"出现巨人的时代"。

与此同时，西欧的中世纪是个特别"黑暗的时代"。基督教教会成了当时封建社会的精神支柱，它建立了一套严格的等级制度，把上帝当做绝对的权威。文学、艺术、哲学一切都得遵照基督教的经典——《圣经》的教义，谁都不可违背，否则，宗教法庭就要对他制裁，甚至处以死刑。在教会的管制下中世纪的文学艺术死气沉沉，科学技术也没有什么进展。其次，黑死病，即瘟疫，这种在当时"一人死亡，整个村子陪葬"的可怕疾病在欧洲的蔓延，也加剧了人们心中的恐慌，使得人们开始怀疑宗教神学的绝对权威。

第二节　教育的相对自由化

文艺复兴时期进步思想家提倡反封建、反神学的人文主义文化，宣扬以"人"为中心，要求个性解放，重视现世生活，崇尚理性和知识。它的思想核心是资产阶级个人主义，它的理论基础是资产阶级"人性论"。但它抨击了封建主义、宗教神权对人们思想和精神的禁锢，因而曾促进了西欧一些国家的宗教、经济、政治和教育的改革。

人文主义者开始用研究古典文学的方法研究《圣经》，将《圣经》翻译成本民族的语言，导致了宗教改革运动的兴起。人文主义歌颂世俗、蔑视天堂，标榜理性以取代神启，肯定"人"是现世生活的创造者和享受者，要求文学艺术表现人的思想感情，科学为人谋福利，教育要发展人的个性，要求把人的思想感情和智慧从神学的束缚中解放出来。提倡个性自由，因此在历史发展上起了很大的进步作用。

当时一些人文学者为反对封建教育和教会教育，很注意古代教育思想和教育资料的研究和发掘。意大利最早的人文主义教育思想家韦杰里乌斯根据古代文献撰写了《论绅士风度和自由教育》，要求实施符合自由人的价值的教育，使受教育者获得身心的良好发展；1411年，瓜里诺发表了普卢塔克《论儿童教育》的译文。此后，一些教师、教育思想家和出版家还发表了许多探讨"新教育"的论著。他们所要培养的已不再是僧侣和神职人员，而主要是社会、政治、文艺、商业方面的活动家和冒险家。他们要求以培养身心健康、知识广博、多才多艺的新人的教育理想进行教育革新（见人文主义教育）。人文主义教育思想的广泛传播，普遍冲击了封建教育制度，打破了教会对学校教育的独占，出现了多种类型的新学校，扩大了教育对象。有些人文主义教育家主持的学校除教育王公贵族和富商子弟外，也收容个别平民子弟。

意大利的人文主义者为摆脱教会对教育的控制，还在一些王公、贵族和地方统治者的支持下，建立了新的宫廷学校。其中最著名的是维多里诺主持的设在曼托瓦郊外的称作"快乐之家"的宫廷学校和瓜里诺主持的"费拉拉"宫廷学校。这两所学校对早期人文主义教育产生了很大的影响。这些学校聘请有名学者，并招收欧洲各地来的学生，施以所谓通才教育。外国学生回去后，将意大利的人文主义广为传播。

当时资本主义生产发展较快的尼德兰，即今天的荷兰是最早受到文艺复兴影响的国家。从14世纪开始，尼德兰的教育就比较发达，其中最有成绩的是"平民生活兄弟会"主办的学校。到16世纪，这些学校又根据人文主义教育思想进行了革新。

法国早在1458年就在巴黎大学开设研究希腊文学的讲座。但由于保守派的阻碍，人文主义传播迟缓，到15世纪末文艺复兴的思潮才逐步在法国传开。研究罗马法的著名学者G.比德曾大力宣传人文主义教育思想。在他的积极倡议下，国王法兰西斯一世为提倡人文主义新学，于1530年建立了后来广设学科并享有很大思想自由的法兰西学院。16世纪的法国，不仅出现了拉伯雷和蒙田等杰出的人文主义教育家，而且成为西欧文艺复兴运动的中心。

文艺复兴的思潮传播到英国比较晚。直到16世纪初才有一批受意大利新学影响的人文主义学者在伦敦开展了推行人文主义文化和教育的活动，并得到皇室和重臣的支持与鼓励。人文主义政治家T.埃利奥特将意大利的人文主义教育思想与英国的具体情况相结合，提倡以培养具有人文主义新思想的贵族绅士为教育目标。他的《统治者之书》是英国第一本教育专著。由于他的教育思想更符合当时英国统治阶级的利益和需要，遂使英国一度涌现出一股讨论"绅士教育"的热潮，并把英国的人文主义教育推向新贵族主义的方向。

文艺复兴思潮传入德国是从人文主义学者路德于1456年从意大利留学回国后在海德堡与莱比锡等大学讲授新学开始的。到16世纪初，维滕贝格、耶拿等大学相继建立新学。同时，在一些商业城市首先出现了新型的文科中学。特别是从16世纪40年代后，这种文科中学得到推广。

第三节　女人也是人

文艺复兴对人类的心智开启起了莫大的作用；对于人类文明的进程，也是推动大过后退。从社会进程方面讲，文艺复兴给资本主义社会的发展奠定了基础，从女权主义运动角度来看，也确实起到了榜样的作用，女性获得了一定的利益，但是，女性的真正的、根本的权益，不过是从教会手上迅速转移到了父亲和丈夫手上。

文艺复兴时期的女性，出嫁都需要一笔数额可观的嫁妆。"即使一般的劳动阶层，嫁女也需要50佛罗林（荷兰的官方流通货币单位，被视为欧洲最古老的货币）的嫁妆"。于是，贵族的女儿们可以毫无后顾之忧，准备嫁人，但是，家庭贫寒的女孩呢。这导致了大量适婚年龄的贫女无法通过组建家庭维持生存，她们大多被迫卖淫以养活自己。大量女性沦为娼妓，使下层女性不仅社会地位低下、生活艰苦，而且也使得女性自身素质低下，生活状况日趋恶化。

婚姻对于家庭背景优越的女性来讲，就是为了家族利益的持续化，自己在婚姻中也不过是丈夫的高级仆人；另一方面，婚姻对于家庭条件不富裕的女性来讲，就是沉重的负担。

虽然婚姻状况依然如此，但是，文艺复兴时期，出身家世良好的贵族女性却可以公开正式地接受教育，而且这种教育不同于宗教事务中的培训，修女或家庭教师所授予的教育和其他一般男子是一样的，包括学习拉丁文、熟悉古希腊和罗马史上的著名人物、学习文学和哲学、学习弹奏某种乐器，甚至有时也学习雕刻或绘画。这些技艺和知识从来都是不对女性公开的，相比较中世纪女性不允许识字阅读的状况，确实有所进步。

文艺复兴时期一些上层知识女性开创了完全不同于中世纪女性革命的新道路，欧洲最杰出的君主——英国女王伊丽莎白一世就是最好的例子。她25岁登上王位，以超凡的聪明才智和坚强意志，对内平息叛乱，解决教派纠纷，确立国教；对外开拓海外贸易，建立强大海军，消灭西班牙无敌舰队。意大利的伊莎贝拉是文艺复兴时期最杰出的女政治家。近代第一位女性主义作家克里斯蒂娜·德·皮桑，也在1405年左右相继完成《妇女城》和《淑女的三个美德》两本著作，提出了"妇女城"思想，大胆地为女性辩护。她构想了一个完全由女性来管理和保卫的王国。在这里等级藩篱被打破，妓女、贫女和贵妇比邻而居。她还发掘出对女性而言具有启蒙意义的思想宝藏——女性的美德。她认为女性的高贵在于她们自身的美德，美德不是一些外在的非获得性特征，如年龄、容貌、出身等，也不是抽象的概念，而是一种崇高的生活方式，即通过积极地自我修养和完善来达到个人的内在优秀和社会成就的有机统一。可以说，皮桑的"妇女城"思想代表了文艺复兴时期具有反抗精神的女性的思想变化所达到的最高程度。

但是等级制度依然存在，受教育的权利局限于贵族女性，下层女子很少能闲居家中受到良好教育，因为她们不得不参加生产劳动，为生计、为嫁妆奔波忙碌，没有条件去学习高雅的文化知识以提高自身素质。

可以看出，文艺复兴时期教育对大多数女性仍是关闭的，即使是给予贵族女性的教育也是以服务男权为目的。虽然上层女性受到的教育无论广度或是深度都超过了中世纪，但由于上层女性当时一般15~18岁就已出嫁，较之当时上层男性，她们受教育的时间较短。加之她们置于家庭及修道院中，很少接触社会实际生活，这使得她们的知识既理想又僵死，显得华而不实，无法与男性相比，也不可能对社会做出多大贡献。并且当时让上层女性受教育的真正目的并非为满足她们自身作为人的发展需求，而主要是为了相夫教子、为了满足男权的需要并服务于家族的利益。

文艺复兴时期女性的家庭角色地位仍沿袭着中世纪的传统，即仍建立在男性中心论、女性低劣论这一基督传统观念，以及在家长制家庭中处于从属角色这一农耕社会习俗的基础上。因此，对于文艺复兴时期的大多数女性而言，她们是不可能如男性一般大谈"人的解放"、"人的尊严"、"人的价值"的。整个社会历史文化的积淀迫使当时女性只能对神权和男权恭敬地顺从、服从，甚至盲从，履行对丈夫、对家庭的种种烦琐义务。

但是，文艺复兴时期女性在家庭中的地位比起神学统治的中世纪是有所提高的。因为"女人是诱使男人堕落的罪魁"这一中世纪禁欲主义的神学渊源，遇到了人文主义思潮的猛烈抨击。人文主义者提倡世俗享受，反对禁欲苦行，而女性在家庭中的操劳恰恰能为男性提供世俗享受，既然女性的这种劳作功用得到了肯定，那么男权就不得不承认女性在家庭中有一定的地位。

总而言之，文艺复兴时期是欧洲从中世纪封建农奴社会向近代资本主义工商业社会过渡初期。在这一社会转型时期，受城市兴起、资本主义萌芽产生发展、宗教信仰开始衰落、人文主义思想传播等因素的影响，社会的价值观念与伦理道德发生转变，冲击着当时的女性。这些女性已在有意识或无意识地争取女性的尊严和权利。她们开始思考女性自身的处境地位，发掘女性自身价值；开始谋求参与社会公众事务，以自身的才华获得社会承认；开始公开反抗男权压迫，并向整个封建的男尊女卑的伦理道德和男主外、女主内的社会秩序发出挑战，虽然这些言行仅是少数的个别行为，但仍不失为女性争取自身解放的最早曙光。

近代女权主义运动的第一次高潮是在18世纪末期，法国的妇女活动家玛丽·戈兹代表巴黎妇女俱乐部发表了《女权宣言》，主张女人与男人应有同等的权利，拉开了以美、英、法为首的女权主义运动的序幕。文艺复兴时期的人文主义思潮是第一次高潮的序曲。

文艺复兴提倡的人文主义文化为男性提供了种种机会，男性终于可以摆脱宗教束缚，发现他们的个性和尊严，并追求世俗生活的幸福。女性也不再是沉默的阶层。有一部分上层妇女也接受了人文主义教育，出现了一批女性作家、艺术家、音乐家等。虽然女性在这个时期仍受到男权意识的压制，但她们已不再甘愿做沉默的阶层，已开始向男性世界、向压制女性的男权意识和制度发出挑战。

第四节　启蒙运动

启蒙运动是发生在17—18世纪欧洲的一场反封建、反教会的资产阶级思想文化解放运动,它为资产阶级革命做了思想准备和舆论宣传,是继文艺复兴运动之后欧洲近代第二次思想解放运动。法语中,"启蒙"的本意是"光明"。当时先进的思想家认为,迄今为止人们处于黑暗之中,应该用理性之光驱散黑暗,把人们引向光明。他们著书立说,积极地批判专制主义和宗教愚昧、封建特权主义,宣传自由、平等和民主。

在启蒙运动中,一批先进的、新兴的资产阶级思想家前赴后继,对封建专制制度及其精神堡垒——天主教会展开猛烈抨击。这场持续近一个世纪的思想解放运动开启了民智,为欧美资产阶级革命做了思想上和理论上的准备;同时,这场运动传播到世界各地,成为强大的社会思潮,为民族解放斗争做了贡献。

启蒙思想家高举反对封建专制、反对宗教迷信、主张自由平等的理论旗帜,重新审视一切事物。女性作为人的价值首次在自由、平等、博爱的雷雨中得到洗礼。启蒙运动的领导者大声呐喊出千年女性渴望听到的话语——"女人和男人一样属于共同的人类",提倡男女平等,宣扬妇女解放。作为几千年来被男性中的社会主流意识极力贬低、污蔑的女人,此时成为众多思想家肯定、赞美的对象,实在是人类历史上的进步。

启蒙运动的倡导者们在女人也是人的前提下,从不同的角度对妇女进行界说和论证。谢瓦利埃·德·若古利用自然法来论证男女平等,他曾写过四篇关于妇女的文章,论证了所有人员是天然平等的;在体力、智慧和知识上,丈夫并不一定比他的妻子强。现实中男子居于统治地位,是婚姻的结果。婚姻只是一种契约,它依照订约双方对此婚姻的意愿来决定。伏尔泰对妇女问题采取了开明积极的态度。他在文章中赞美妇女的智慧和勇敢,声称任何一个妇女都有受教育的权利,并对社会给予妇女不公正对待的现象进行了谴责。

孟德斯鸠指出,封建制度以奴役妇女为前提,基于法治的君主制必须以妇女自由为前提。这一思想使他在有关妇女地位的问题上坚决站在妇女的一边。他的著作显示了他对女性的深切理解和同情,他坚信男女两性是天然平等的,主张在婚姻的一夫一妻制度下男女要有平等的离婚权和休婚权。他说:"凡是给男子休婚权的国家,就应给女子同样的权利。不仅如此，在使女子生活于家庭奴役状态的场合，法律似乎应该准许妻子有休婚的权利，并且只准丈夫有离婚的权利，不能有休婚的权利。"[1]他还解释了男女不平等的原因是来自男女所受的不同教育。他的这种态度对于争取权利的妇女自然有很大的鼓舞作用。

狄德罗同情妇女的命运，说她们做母亲需要经受分娩的痛苦和危难，一旦失去母亲的权利之后，又备受长期疾患的折磨，还受到社会上性别的歧视。"岁月催人老，美貌会消失，遗弃、忧郁、烦恼的年代会降临。大自然让她们经过不适成为母亲，让疾病剥夺她们做母亲的能力——在几乎所有地区，民法的残暴和自然的残暴联合起来压迫妇女，她们被当做愚不可及的孩子"。他指出，妇女的不幸处境是忽视教育、父亲专制、无权选择丈夫、怀孕等因素造成的。他大声疾呼，不能再把妇女当做"愚不可及"的孩子来对待，应该承认她们的天赋，给她们以适当的教育，也许她们比男人更富于创造力。

正当这些启蒙思想家忙于在沙龙里温文尔雅地发表他们关于妇女问题的真知灼见之际，卢梭和他的代表作《社会契约论》踏入了人们的视线。书中的至理名言"人人生而平等"，在当时的社会及包括一半以上人数的女人中激起了千层浪涛。他的"天赋人权"思想客观上唤醒了原处于"无权"状态下的妇女的觉醒，因此卢梭被称为"近代妇女运动的点火者"。

启蒙时代哲人们发出的男女平等的呐喊，是自父系社会以来第一次就妇女问题的大清算。通过他们的评价与界说，妇女得以以人的面目在人类文明中被重视，妇女开始觉醒。倘使没有启蒙思想家的这些理论育种和培植，就不会有女权运动这一"艳丽的花朵"。从此，女权运动这一绚丽的花蕾在随后的法国大革命这棵树上绽开了。

第五节　法国大革命

18世纪的法国仍然是一个君主政体的封建国家，封建专制和天主教会控制着国家的社会生活和人民的思想，农村在封建领主和教会的盘剥下已是满目疮痍，宫廷贵族挥

---

[1] 孟德斯鸠：《论法的精神》，第269页。

霍无度，国库空虚。天主教会与专制王权相互勾结，推行文化专制主义和蒙昧主义，疯狂残害异教徒和有进步思想的人们。与封建制度严重衰败景象形成鲜明对照的是资本主义经济迅猛发展、资产阶级日益壮大，他们强烈要求冲破旧制度在政治、经济、思想方面的束缚。

在文艺复兴运动的推动下，自然科学取得很大进展，科学家们揭示了许多自然界的奥秘，天主教会的很多说教不攻自破，人们有了更多的自信。法国是启蒙运动的中心，法国的启蒙运动与其他国家相比声势最大、战斗性最强、影响最深远，堪称为西欧各国启蒙运动的典范。法国启蒙运动的领袖是伏尔泰。他的思想对18世纪的欧洲产生了巨大影响，所以，后来的人曾这样说："18世纪是伏尔泰的世纪。"

伏尔泰是18世纪法国资产阶级启蒙运动的旗手，被誉为"思想之王"、"法兰西最优秀的诗人"、"欧洲的良心"。他提倡天赋人权，认为人生来就是自由和平等的，一切人都具有追求生存、追求幸福的权利，这种权利是天赋的，不能被剥夺。他主张人一生下来就应当是自由的，在法律面前人人平等。他曾经说过："我不能同意你说的每一个字，但是我誓死捍卫你说话的权利。"伏尔泰还尖刻地抨击了天主教会的黑暗统治，他把教皇比作"两足禽兽"，把教士称作"文明恶棍"，说天主教是"一切狡猾的人布置的一个最可耻的骗人罗网"，号召"每个人都按照自己的方式同骇人听闻的宗教狂热作斗争"。

大革命前的法国是一个男性的世界。在重大的历史事件中，除了"圣女贞德"和极少数较有作为的王后、宠妃之外，法国妇女总是默默无闻的。人们将她们视为异类，政治权力与她们无缘。但是，随着法国三级会议的召开和大革命的爆发，名不见经传的法国妇女也提出了自己的社会和政治要求，开始勇敢地向男性的世界发起挑战。

法国大革命中的女权运动是一笔亮色。受文艺复兴、启蒙运动的百年熏陶，法国妇女的心灵也受到了共振和激荡，哪里出现争取自由、平等的高潮，那里的妇女也往往以不同的方式参加到这中间去，展示自己的个性，提出自己的要求，亲自争取那一份理应属于她们自己的自由和平等。从大革命开始到结束，法国妇女积极参加了这一震撼世界的运动，尤其是在几次重大的事件中，妇女们都扮演了重要的角色。

1789年10月5日下午，巴黎人民结队涌向凡尔赛包围王宫，向君主制发起进攻，妇女们便排在声势浩大的游行队伍的前列。[①]为了完成革命的任务，法国革命者不得不格外强

---

① G. 勒诺特尔：《法国历史轶闻》，第268页。

调平等,以动员人民群众,其中包括人口一半的妇女,以战胜强大的封建势力。早已向往自由、平等的法国各阶层妇女顺理成章地开始了争取自身权利的斗争。因此,革命从一开始就带有强烈的追求政治平等的特点,这是前所未有的壮举。然后,制宪会议庄严宣布永远废除世袭贵族制度,这既是反封建斗争的胜利,也是一种人的解放,也包括妇女的解放。人们越来越发现自己的作用和自己的价值。有史以来,人的价值和人的尊严从未受到如此的重视。

经过启蒙运动,由卢梭、伏尔泰、狄德罗等倡导的民主、自由、三权分立等概念已经深入人心。始于14世纪,主要是法国国王用于增加新税和扩张王权的工具的"三级会议",正在逐渐分崩离析。三级会议分为三个等级,第一等级教士和第二等级贵族是由国王直接选定的,第三等级的代表也由国王传召,而且只限于某些城市。因此,三级会议可以说是国王王权和宗教势力结合的代表,但是,经过攻占巴士底狱等一系列革命活动,三级会议逐渐演变成国民会议和制宪会议,变成了推翻君主专制的大本营和国家民主的关键组成部分。身处第一等级和第二等级的教士和贵族已经开始衰落,第三等级,特别是资产阶级正在壮大。1789年的三级会议中,第三等级的代表提出改革税制、取消前两个等级的特权的要求。由于要求迟迟没得到满足,第三等级自行组成国民议会,但被国王下令关闭。7月9日,国民议会改名为制宪议会。路易十六试图通过调动军队来压制议会,但7月14日巴士底狱被攻占,路易十六被迫屈服,承认革命。

随着革命的深化,人们关于平等的观念也在不断演变和深化。革命初期的平等观念主要是反对封建等级制度,实现原第三等级与原特权等级之间的平等。随着革命的深入,人们已不满足于这种平等,进一步要求社会全体成员之间的平等,包括官民平等、财产平等,甚至男女平等!

女性在这个时候女权意识开始觉醒,趁着全国三级会议的召开和革命的浪潮,妇女们委托陈情书的起草者们来表达她们的愿望,直接表达对社会各种流弊的抱怨和自己的要求。

在保留下来的陈情书中,有33份直接出自于第三等级的妇女之手。妇女的陈情书主要在两个方面提出了要求:首先是性别歧视问题,要求实现男女"平等",即要求在各方面获得与男子同样的权利。妇女有理由要求获得选举权,因为她们和男人一样承担缴纳王国赋税和履行雇佣合同的义务……根据公正的原则,一个男人不能代表一个妇女,因为代表应该绝对拥有他所代表的人的同样利益,妇女只能由妇女来代表。第二是妇女的受教育权问题,受到启蒙教育思想熏陶的中上层妇女对女性教育不足的状况表现出极大的忧虑,她们将妇女在社会生活中的不幸归结于受教育权的不平等。有一份致国王的请愿书写道:"我们要求受到教育,要求获得工作,不是为了侵犯男性的威望,而只是为了受到尊重,为了使我们获得摆脱厄运的谋生的手段。"[①]妇女们呼吁在全国建立学校,使女性摆脱愚昧的状态。这些请愿书的基本思想就是追求男女平等。平等口号一开始就有妇女的平等要求伴随着,女权运动也是革命的一个部分。

但是对于同样参加了革命的男性来讲,平等是属于男性的专属权利,财产平等和政治权利平等才是革命者追求的目标,当男性面对始料未及的女性也要求平等的时候,他们就一边提出消灭等级特权,一边提出不能赋予女性政治权利。因此,革命并没有使妇女的地位、待遇有所改善。随着对平等权利探求的步步深入,女权运动由对权利的呼唤和对被排斥的不满,上升为人权意识的觉醒和对平等的政治权利的公开追求。女性责问议会:"为什么妇女和男子共同完成了革命,却不能分享革命的果实呢?"[①]

"革命使男子最终获得了自由,妇女却仍然是千万种偏见的奴隶"[②],这显然是不合理的。她们公开提出:正如在议会中贵族不能代表平民一样,男人也不能代表女人。共和派女公民俱乐部在热烈拥护1793年宪法的同时,要求将新宪法中男性普选的条款扩大到妇女身上。然而同样的对平等权利的执著追求、同样的理论依据却并不符合大多数男性革命者心目中的平等观,即使是雅各宾派也不赞成妇女参政。

雅各宾派提出了一个普遍的观点:妇女是不能参加政治的。当革命处于恐怖时期,雅各宾政府更是对妇女采取了公开的严厉措施。1793年10月政府下令封闭、解散各种妇女团体,禁止妇女参加公众活动,把妇女参加政治活动当做叛逆罪来处理,并且"下令全体妇女回到自己家里等待新的命令"[③],显然男性革命者在授予妇女"女公民"这一称号时,并不真正赞成妇女行使完整的公民权利,并不能接受男女平等。当第三等级的男人们获得了政治权力之后,面对与他们曾并肩作战的妇女们他们却不愿给一杯羹,男女之间的距离又拉大了。于是在革命中觉醒了女权意识的妇女们第一次发出了集体的呐喊:女人和男人一样享有自由平等的权利。妇女解放第一次以运动的方式出现在人类历史舞台上。

---

① 刘显娅:《18 世纪法国女权运动的兴起》,《常德师范学院院报》,1999年9月第24卷第五期,第51页。

② Linda Kelly, Hamish Hamitten: *Women of French Revolution*, 123。

③ Lynn Hunt: *The French Revolution and Human Rights*, 240。

攻克巴士底狱后，旧的等级限制和传统观念意识受到了剧烈的冲击。妇女们亲身参与了革命的进程，她们为期待中的"民族再生"而受到鼓舞，她们要求"平等"的愿望也更加强烈。1789年8月，制宪议会通过了《人权宣言》，阐明了人的自然的、不可让与的和神圣的权利，使资产阶级的妇女从中看到了争取和实现权利"平等"的希望，她们在财产的继承权、受教育权、公民权等各方面都提出了自己的要求和建议。但是，性别歧视这个旧意识的毒瘤却仍然具有旺盛的生命力。

《人权宣言》虽然宣布了公民的权利，但关于女性是否能享有公民权利和选举权的问题却在议会中引起了激烈的争论。在绝大部分议员看来，妇女是天生的弱者，她们缺乏主见、感情用事、性情多变，女性只能作为公民的妻子或者女居民来定义，她们只能享有自然权利，而无能力参与公共政治事务。因此，议会明确地否认了妇女的选举权，甚至连"妇女没有理性的天赋，只有少数杰出的妇女能享有权利"的妥协性提案也遭到了否决。

制宪议会排除妇女的公民权的理论和行径受到妇女们的抨击和控诉："你们扫除了一切陈腐的偏见，但是你们却保存了最古老、最普遍的偏见，它把王国的半数居民排除在显要岗位、尊严和荣誉之外，而且还剥夺了她们在你们之中平起平坐的权利！"妇女的控诉在社会上获得了回响。1790年3月，公民布里让·博杜安在致制宪议会的一封信中提出了"家庭中的母亲们能够并且应该被称为女公民"。1790年7月，孔多塞发行了《关于承认妇女公民权》的小册子，根据理性的原则指出男女生来具有同等权利。1791年8月，德康比夫人出版了题为《妇女之现状》的小册子，要求"占人类一半"的妇女享有政治权利。但是制宪议会的立法者们却认定公民资格只为成年男性所拥有，在1791年宪法颁布时，"积极公民"和"消极公民"的划分依然照旧。正是在这样的背景下，诞生了《妇女和女公民权利宣言》。

《妇女和女公民权利宣言》发表于1791年9月，是世界上第一个明确地反抗性别歧视、提出妇女政治权利要求的文献，它的作者是玛丽·古兹。玛丽·古兹意识到1789年的《人权宣言》只不过是"男人"的权利宣言，妇女也应享有平等权利，而"对妇女权利的无知、遗忘或蔑视是公众不幸和政府腐败的唯一原因"。《妇女和女公民权利宣言》采用了与1789年《人权宣言》几乎完全相同的形式，包括一个前言和17项内容。但《妇女和女公民权利宣言》绝不是对1789年《人权宣言》的简单模仿，玛丽·古兹用"自然与理性的法则"取代了"法律"，对妇女在各个方面的权利进行了补充和完善。

在《妇女和女公民权利宣言》中，玛丽·古兹向全体法国妇女发出了呼吁："妇女们，觉醒吧！……男人们在受奴役时曾求助于你们砸碎镣铐，获得自由后他们便不公正地对待你们。妇女们，你们何时能擦亮眼睛！"《妇女和女公民权利宣言》发表后即产生了强烈而深远的反响，它标志着世界上第一次女权运动的兴起。

资产阶级妇女从《妇女和女公民权利宣言》中看到了自己的权利，明白了自己也是世界的另一半，理应享有公民权和随之的一切权利，然后，女性积极地开展了要求获得政治权利的斗争。

从1790年起，法国妇女就开始参加政治团体，较有影响的俱乐部如"社会俱乐部"、"宪法保卫者俱乐部"、"雅各宾友爱会"等都吸收妇女参加；在巴黎还出现了妇女单独组织的俱乐部。

1792年，妇女们根据《人权宣言》的规定，好几次要求获得组织女国民自卫军的权利。1792年4月9日，巴黎妇女首次携带武器，参加了军事游行，并在对外战争爆发后最终加入到参军参战的行列。与此同时，宪法对妇女的公民身份的限制在事实上一步步消亡，立法议会甚至要求妇女与男性一样进行公民宣誓。因此，记者普鲁东给革命的市民所下的"独立的、自由的、平等的、具有警觉性的、全副武装的"定义，同样适合于她们。

1793年，法国妇女争取政治权利的斗争更加高涨。妇女们用自己的理论将自己融入社会政治生活，经常强调她们与男人一起生活在同一个共和国中的事实。

1793年6月，在对《共和元年宪法》进行全民表决的时候，妇女虽无权出席初级会议，但由于实行了普遍投票制，许多妇女仍然与男性分开进行了投票表决。正是在这次表决投票中，出现了两种貌似对立实际上殊途同归的情形。一方面，极少数妇女在参加投票的同时，以请愿书的形式公开地以《人权宣言》的名义提出了选举权的要求。例如，一个巴黎的妇女当着议员的面发言："立法者公民们，你们给了男人们一部宪法，他们现在享有了自由人的一切权利，但是妇女却远远没有享有这种权利，她们还没有被纳入到政治体制之内。我们向你们要求参加初级会议，由于宪法是建立在人权基础之上的，我们今天就要求完全行使这种权利。"在1793年夏季和秋季，法国大革命的政治舞台上出现了一种新的趋势：在人们观念中出现了一种对妇女政治地位的非正式的重新定位。这种趋势不是突然出现的，而是一系列的逐渐演变的结果。它源于人们对春季和夏季的妇女运动的感受，并趋向于同一种认识：妇女是政治主题范围内的女公民。

1793年9月21日，国民公会通过了一项法律，要求妇女与男人一样佩戴共和主义的三色徽。这项法律同样是在妇女的压力下通过的,它标志着围绕公民身份要求的一系列推理的延伸:妇女属于人民,而人民被宣布为主人,因此妇女和男人一样是主人。甚至有人在巴黎街道上窃窃议论,在获得佩戴三色徽权利以后,妇女应该获得在初级会议中的选举权。因此,人们有理由这样认为:妇女们在大革命中分享了人民主权;妇女是女公民,是没有公民身份的。

大革命扫荡了封建传统的旧意识,唯有性别歧视的幽灵始终回荡在各种场合。在与旧制度较量时,尤其是在革命遇到危难的时候,男人们需要妇女的参与来壮大第三等级的队伍,他们性别歧视的态度有所收敛。而一旦政权到手,他们则害怕妇女争取政治权利的斗争威胁到男性的统治,伟大的革命家们都成了著名的反女权主义者。在一些革命家的意识深处,理想的妇女就是卢梭在《爱弥儿》一书中设想的女主人公苏菲的形象,她的天职就是生儿育女、相夫治家;她最重要的素质就是温柔而不是抛头露面参与政治活动。传统的偏见及卢梭关于男女生来就是不平等的、女人是低等性别的论调,在大革命时期的议会和社会上获得了非常广泛的赞同。

1793年7月13日,发生了贵族女青年夏洛特·科黛刺杀马拉的事件之后,害怕被妇女报复的恐惧感更加萦绕在男人们的头脑中。他们力图把人们对夏洛特·科黛的仇恨扩展到全体妇女身上。男性政治家们仿佛中了毒药一般疯狂鞭笞女性的各个行为,认为女性就是罪恶的根源。议会经过一番辩论,通过了"禁止以任何名义建立妇女俱乐部和妇女公众团体"的法令。12月31日,国民公会又发布补充法令:"妇女们只有在丈夫和孩子一起出席的情况下,才能参加社会活动。"根据法令,"革命共和派女公民俱乐部"在10月30日被封闭,大革命时期妇女争取公民权的斗争从此画上句号。与此同时,三名有代表性的妇女玛丽·安托瓦内特、奥琳普·德·古日和罗兰夫人被处以断头极刑。

法国大革命犹如一个男性设下的圈套,在枪林弹雨中,革命的两极是男性和女性,女性具有和男性同等重要的地位,可是革命胜利后,女性依然一夜之间成为了被压迫和欺辱的对象,抛却这些政治上权利的泡沫,女性在启蒙运动和法国大革命的浪潮中,依然获得了从前没有的权利,如离婚法开始考虑女性的利益、平等继承权可以让女性也获得一份保障等,这些都是女性解放之路的路灯,照耀着女性前进的脚步。

第六节　自由的掌舵手

经过了漫长而又波折的奋斗，女性终于迎来了曙光。几次大的女权主义运动正在酝酿，后来的学者把女权主义运动分为三次高潮：第一次浪潮始于19世纪后半叶，历时70余年，到第一次世界大战时达到最高点，以英国和法国为主，这个阶段主要着眼于揭露性别歧视的现实，唤醒女性的独立意识，强调女性和男性是平等的，女性的社会地位应该和男性一样，以为女性争取政治权利为主；第二次高潮在20世纪50年代，这个阶段美国爆发女权运动，然后波及整个世界，主张彻底改变社会制度，为女性提供全方面的权利和认可；第三次高潮在20世纪80年代，这个时期之后的女权主义运动具有多元化的特点。

在欧洲大陆，女性运动一般被认为来自英国和法国。在英国，从16世纪开始，众多女修士、女性作家等先驱便开始了早期的争取权利的活动，一直到18世纪，这两百年时间的沉淀，已经给女权运动打下了坚实的伏笔；在法国，女性拿起枪支冒着生命的危险勇敢地参与攻占巴士底狱等事件，表现出丝毫不输于男性的勇气和智慧，后来，男性取得胜利，违背给女性权利的承诺时，女性丝毫没有退让，反而为了自身权利而斗争到底，这些都是女性自我觉醒的标志。18世纪90年代，基于法国大革命的深切洗礼，巴黎著名女性活动家玛丽·戈兹首先发表了第一个"女权宣言"，主张自由平等的公平权利不能仅限于男性，提出给予父女同样的受教育权和就业权，这被认为是女权运动的开端。1792年，英国的玛丽·沃斯通克拉夫特——世界女权主义运动的哲学奠基人发表了《为女权辩护》，成为女性运动的经典。

英国的玛丽·沃斯通克拉夫特是第一次浪潮中最著名的领导人，她是第一代女性运动的活动家。玛丽·沃斯通克拉夫特出生于一个中产阶级家庭，从小她就目睹了身为女性的种种限制，深知获得教育的可贵。整个社会都倾向于把女性培养成母亲或者妻子，即便有了私立学校，也是培养符合社会标准的"淑女"的，或者说是"妻子培养课堂"；女子即便受到了零星的教育，就业也是非常困难的，基本都是照顾老人、做针线活、当家庭女教师等，收入微薄，付出劳动巨大。在目睹了好朋友死于难产后，她陷入了精神抑郁的状态。

直到她30多岁时，一个激进的出版商让玛丽·沃斯通克拉夫特帮他开创新刊物时，她才决定定期为这本刊物写写评论、做做翻译，以此求得自立。

1787年，玛丽·沃斯通克拉夫特的《论女儿的教育》出版，书中蕴涵了玛丽·沃斯通克拉夫特的个人情感，被社会压抑的郁闷和对于教育的渴望，以及她对那些费尽心力迎合男性的女性的蔑视，都在这本书中表现得淋漓尽致。1788年，玛丽·沃斯通克拉夫特又写了《玛丽，一个故事》，书中玛丽矛盾的经历让人们开始思考：一方面玛丽渴望父亲的关爱，另一方面又排斥男性；一方面玛丽热爱着自己的母亲，另一方面又怨恨母亲终日只会幻想。

玛丽·沃斯通克拉夫特最重要的作品发表于1792年，经过多年的积累和法国大革命的影响，玛丽认为自己终于有了自信可以谈论政治。在《为女权辩护》中，她提出两性充分平等的要求，将"人的权利"延伸到"女性"身上，包括两性平等的公民权和政治权利，反对贵族特权，强调男女两性在智力和能力上是没有区别的。"如果男人的各种抽象权利经得起讨论和解释，以此类推，女人的权利也不会畏惧同样的检验……如果女人和男人拥有同样的理性禀赋，那么是谁让男人来做独一无二的裁判的"[1]，这番话强调了女性的平等。她主张，女人应当不再受制于她们的身体及由身体所带来的情感，"她们从孩提时代就被教导美貌是女人的权杖，大脑也要和肉体保持一致，在它那镀金的笼子里漫步，一心想着膜拜自己的牢笼"[1]。

沃斯通克拉夫特在《为女权辩护》一书中为女性要求工作权、受教育权、政治权和投票权等政治权利。她还激愤地指出，"既然女性不是一群寿命短促、微不足道的人，为什么要使她们保持无知的状态而美其名曰天真呢？这样劝告我们，要我们仅仅成为文雅的家畜的人，把我们侮辱得多么厉害啊！例如，他们十分热心而又经常地劝告我们：要有迷人的温柔，要用服从来取得支配权，这是多么幼稚的说法。一个堕落到用这种阴险方式取得支配权的人是多么不足取啊"[1]。她认为，自从远古时候起，男人就觉得使用他的实力来征服他的终身伴侣对他有利，并且用捏造的事实来说明她应该甘受压迫，因为整个宇宙都是为了他的便利和享乐而创造的。她的思想就像一道闪电，照亮了漆黑的夜空，在当时沉闷的性别秩序中造成了振聋发聩的影响。在书中，玛丽·沃斯通克拉夫特除了誓死捍卫女性的政治权利，大声疾呼女性尊重自己的存在，不要被男人"画地为牢"圈住外，还有重要的一点进步，而且是极大的进步，那就是呼吁重视女孩子9岁以前的教育，这是绝无仅有的。玛

---

① 玛丽·沃斯通克拉夫特：《为女权辩护》，第23~32页。

丽·沃斯通克拉夫特认为女性并不是天生就像那些攀附男性、服从男性的女性一样愚昧无知，女性之所以这样，和她从小就被灌输的思想有着密不可分的关系，从女孩时代开始，周围的人，包括自己的妈妈，都在培养自己成为日后的"淑女"，任何不同于女性的行为举止都被称作为"不适当的男子气"遭到嘲笑和讽刺，如果"女性化"这样根深蒂固的话，那么就必须从小时候的教育做起，培养女孩子独立的思想和提供能够接受这样教育的机会。

女性运动第一次浪潮中还有两位值得提起的代表人物，那就是男性作家威廉·汤普森和约翰·斯图尔特·穆勒。两位作家实际上是出于对自己妻子的认同和赞赏，受到了她们的启迪，才站出来为广大女性大声呐喊和加油打气的。并且，两位作家的妻子都是非常聪明、受过较好教育的女性。

1825年，威廉·汤普森出版了他的《人类的一半妇女对人类的另一半男人得以维护政治奴隶制以至公民和家庭奴隶制的权力的控诉》，并将此书送给孀居的一位富有革命思想的女性，并对她敢于和自己酒鬼丈夫分开的举动表示支持、赞同和钦佩。书中对占人类一半的男性欺负另一半的女性表示了抗议，作者表示坚持主张男性和女性处于一个平等的位置，女性不是男性的附属品、女佣、生育的机器和没有头脑的人类。

另一位男性作家约翰·斯图尔特·穆勒于1869年出版了名为《女性的屈从地位》的著作，书中认为女性之所以处于被男性奴役的地位，是因为他们接受教育机会甚少、生活范围狭窄，才会提不出什么根本性的建议；况且法律就赋予男性具有绝对优势的地位，女性应该获得选举权等政治权利，才可以更好地保护自己；最后，穆勒提出，女性没有理由被排除在领导职位之外，并提出只有在女性有了选择自由之后，才能知道她们的"自然"能力是什么样的。

穆勒以一种英国式的高度理性态度来看待两性平等问题。他痛恨那些从小就把男性优于女性看做是自然事情的男性，痛恨女性可以被肆意欺辱的男性霸权社会，他主张一个新型的社会，即男女不是压迫与被压迫的关系，男女都可以实现自己命运的社会。穆勒的女性主义思想是当时自由主义思想家能够达到的最高境界。他身为男性，本已享有了这个特权阶层的一切便利，却能够为当时很难发出自己的声音的弱势群体仗义执言，十分难能可贵。

19世纪女性主义先驱们已经觉醒了，她们明白了政治权利和自己的坚持斗争是多么的重要。卡罗林·诺顿是剧作家理查德·谢里丹的孙女，出身于高贵的家庭，加上自己美丽的容貌和活泼的个性，最重要是，卡罗林拥有优越的教育背景，这些条件在当时的社会都足以让她获得一个良好的丈夫。作为传统的淑女，卡罗林从未想过要成为女权主义斗士。但是，女性如果把自己的幸福寄托于一位男性，命运将会如何呢？婚后的卡罗林发现自己和丈夫有很大的差异，不愉快升级为暴力，最后，卡罗林的丈夫诺顿不仅拒绝卡罗林继承她自己的遗产和她婚后的收入，还禁止她探视自己的孩子。诺顿出于报复，还污蔑卡罗林有生活作风问题，于是，丑闻一件接一件，卡罗林为了自己的自由付出了太大的代价。

卡罗林发现法律并不保护女性，已婚妇女的法律权利是不存在的。这个事实让卡罗林萌发了给女性制定法律条款的想法，她通过将自己的遭遇写成小册子呼吁女性思考，还积极支持相关法律的通过，并且给女王写信，希望可以改变婚姻法和离婚法。1857年，一部关于女性离婚的法律出台，尽管这部法律仍然具有很大的局限性，但是这代表国家产生了保护女性的法律条文，这是巨大的进步。

海上贸易、工业革命等使英国迅速步上了扩张的进程，但是，在这个途中有一个非常特殊的存在，就是新西兰。新西兰独特的条件使得它成为女性获得政治权利的开端。

首先，新西兰的地理位置比较特殊，位于大洋洲，远离英国本土，新西兰相对来说是独立的。其次，1840年时，英国王室为了统治新西兰这块肥沃广袤的土地，诱迫新西兰的毛利人酋长签订了一个吞并新西兰的条约——《怀唐伊条约》。通过这项协议，英国在新西兰建立了英国法律体系，另一方面，确认了毛利人对其土地和文化的拥有权。该条约被公认为新西兰的建国文献。

这个条约的主要内容为：第一，毛利人各酋长让出其领土主权，凡岛上出生者均受英国法律管辖；第二，保证新西兰各部落酋长的土地、森林、渔场及其他财产不受侵犯，如出售土地，应优先出售给英国女王；第三，毛利人可得到英国女王的保护，并可享有"英国国民所享有的一切权利和特权。

这个条约，虽然承认新西兰是英属殖民地，但是也保护了当地的原生态文化氛围。在第一次世界大战中新西兰成为同盟国中伤亡比例情况最坏的。它所属军人的牺牲带来了军事上的胜利，新西兰很以这个为骄傲并且它的下一代争先效仿。1939年当英国第二次向德国宣战，新西兰人又一次爽快地响应了号召决定对英国进行武力支持。又一次，年轻的男人们在他们一生中最好的时间里被派遣到人数越来越多的战斗中。随着战争影响的不断扩张，新西兰越来越多的活着的人受到了影响。

第二次世界大战对女性和劳动力的性别平衡产生了巨大影响，正如一本书的第一个句子写道："第二次世界大战引起了关于新西兰社会女性角色问题的困扰。"在战争期间，劳动力严重不足，一些老板包括政府和工商业在内，都被迫接受更多的女性职工。把新西兰1939年和1945年的人口普查数据进行一个对比，结果显示女性工人在6个主要的工业工人种类中数量和分布上有显著的变化，女人们在家做家庭主妇的数量已经下降了，除了农业，光是在工程业和金属加工业女性职工就足足增长了25%！如此范围巨大的女性从业使广大女性越来越明白，男性统治的社会和女性自己做主的社会有多么大的不同，女性可以和男性一样，通过自己的双手和智慧获得养活自己和家人的报酬。

凯特·谢帕德大力推动新西兰的女权运动，她主张，"我们所胜过的国家，不会因为不同的种族、阶级、信仰和性别把人分开来"！为了给所有新西兰女性合理的权利，她四处奔走演说、制作传单，并在1891年、1892年和1893年先后组织了三次大规模的请愿活动，分别获得到了9000、19000和32000个签名的支持，最后一次，新西兰几乎四分之一的女性都给予凯特·谢帕德支持。二战后，伴随着战后男性又一次开始把女性驱逐出有报酬的工厂，再一次大肆渲染女性属于家庭的论调，1893年9月16日，凯特·谢帕德领导女性开始了大规模的请愿活动，这次活动获得了30000多的签名支持，总督Lord Glasgow签署了"1893年选举法"，使女性拥有选举权成为法律。普选权是选举权的延伸，就是对一个成年人来说，无论她的性别、年龄、种族、信仰、社会状况，都有选举参政及投票的权利。

随后，星星之火开始燎原。1906年芬兰妇女获得选举权，1913年挪威妇女获得选举权，1915年丹麦妇女获得选举权，1917年苏联妇女获得选举权，1920年美国妇女获得选举权，1928年英国妇女获得选举权，1944年法国妇女获得选举权，1949年中国妇女获得选举权！这个开端标志着千百年来女性的奋战终于达成了目标，女性可以再次理直气壮地踏上历史舞台，至此，女性运动的第一次浪潮进入高峰期。

除了选举权，女性运动第一次浪潮还关注女性的受教育权利及应该受什么样的教育。各国女性纷纷提出实现受教育权利的要求，女子学校大量涌现，很多女童直接进入原来只收男童的学校。19世纪中期，男性都认为女孩的教育就应该限于家政课、礼仪课等，课程的目标是培养合格的妻子和母亲。但是，现在女权主义者们提出，女孩和男孩的教育内容不但应该不同，还应该给女性提供更多的机会和条件。1868年，剑桥大学为女生提供了单独的考试。

第一次女权主义运动还关注到女性就业问题，尤其是已婚女性的就业问题。19世纪，人们认为生育和抚养子女就是女人的天性，因此女人的天职就是留在家里生育和抚养儿女。当时关于女人，尤其是已婚女人要不要就业的争论十分激烈。

但是，被赋予了选举权可以自己讨论政治权利的女性们，开始渴望发挥自己的才智，获得养活自己、可以自己拥有独立人格的经济收入和支配权。争论围绕着下列两个问题展开：女人婚后还应不应该工作？女人做母亲之后还应不应该工作？许多希望出来工作的女性对于必须在工作和家庭中选择一项感到不公平，她们提出，男人可以同时拥有工作和家庭，为什么女人就不可以？这个时期的女性主义者提出：为了经济独立，所有的女性都应当在劳动力市场上与男人作自由平等的竞争，争取同工同酬。

在女性运动的第一次浪潮进入尾声时，女性在选举权、受教育和就业方面取得了极大的成就，它表现在有越来越多的女性获得选举权、女性教育广泛开展、女性就业率增加。但是，传统的性别角色规范并没有得到多大的改变，因此，女性运动第一次浪潮的其他目标还包括为女性争取在婚后保留财产的权利、在婚后保留自己工资的权利、不受丈夫虐待的权利，为女性争取儿童抚育费，提高女孩同意性交的年龄线等。19世纪美国女性运动的一项内容就是把强奸法的幼女年龄线从18岁提高到21岁。强奸法规定，不允许同未成年者发生性关系，即使她本人同意，如果没到"自愿年龄线"，她的同意是无效的。这个时期女性运动涉及的问题还有产假问题和堕胎问题。

19世纪下半叶至20世纪初是女性运动的第一次浪潮，至此，女性经过文艺复兴、启蒙运动、工业革命和法国大革命的洗礼，已经在精神和肉体上，做好了迎接自身蜕变的准备，女性们通过自身的努力，争取到了政治权利，在这之前，女性的努力被称为"女权运动"、"女权斗士"等，这之后，女性的运动就开始有了一个新的名字——"女性主义"、"女性主义者"。因为，从20世纪初到20世纪60年代，两次世界大战瓦解了殖民制度，美国的奴隶得到解放的同时，美国女性也获得了自由。另一方面，战争加速了各种矛盾的激化，女权主义运动在接下来的大动荡时期，也各树大旗，风起云涌，女性获得教育后变得更加理性和透彻，她们继续为所有女性争取更加全面、更加细致的权利，女权主义运动掀开了新篇章。

第七节　迟迟开启的中国大门

女权主义，从根本上来讲就是通过女性的斗争和努力实现男女平等。可以说，男女平等就是女权的最重要体现之一，男女平等就是反对男权暴政，反对男性的霸权和独裁。相比较，女性主义和女权主义有着很大不同，女性主义作为一种理论与实践的体系，它是包括男女平等信念及社会变革的一种意识形态，旨在消除对妇女及其他受压迫社会群体在经济、社会、政治上的歧视，即除了性别歧视以外的其他一切不平等，这就是女性主义的内在含义。

当西方的女性正在如火如荼地投入女性自身革命的时候，遥远的东方女性却还守着封建社会千年的礼教不得解脱，从"三从四德"到"缠足裹脚"，中国女性经历着思想和身体上的双重折磨和压迫。

纵观中国历史，戊戌维新运动拉开了妇女运动的序幕，开创了中国妇女运动的新时代。维新派将形体解放与思想解放视为争取女权的基础，并强调妇女解放与国家强盛密切相关，即"女学最盛者，其国最强……女学衰，母教失，愚民多，智民少，如是国家所存者幸矣"。

1895年，《马关条约》签订的消息传到了北京，在京参加科举考试的举人们十分愤慨，他们在康有为、梁启超的带领下给光绪帝上了一份奏疏，要求拒和、迁都、变法。在古代，政府用马车接送被征举的读书人，后来，人们就用"公车"作为举人入京应试的代称。由于康有为等是举人，这次上书就被称为"公车上书"。这次上书虽然由于守旧势力的阻挠而失败，但在社会上产生了巨大影响，从此拉开了维新变法的序幕。

公车上书失败后，康有为、梁启超联合部分思想比较开明的官员在北京组织强学会，定期集会演讲、议论时政、宣传维新变法。维新变法思潮继续发展，各地学会、学堂、报刊出现，通过立学会、办报纸的活动起到了启发民智、制造舆论的作用。资产阶级改良主义思想得到广泛传播。1897年冬，德国出兵强占胶州湾，引发了列强瓜分中国的狂潮。在严重民族危机的激发下，维新变法运动迅速高涨。康有为上书光绪帝指出形势迫在眉睫，如果再不变法，不但国亡民危，就是皇帝想做老百姓都要做不成了。后来，光绪帝接见康有为，表示不做"亡国之君"，让康有为全面筹划变法。1898年6月11日，光绪皇帝颁布诏书，宣布开始变法。1898年是旧历戊戌年，因此称这次变法为"戊戌变法"。

1898年1月康有为再次上书光绪帝，4月同梁启超在北京发起成立保国会，在维新人士和帝党官员的积极推动下，6月11日光绪皇帝颁布《定国是诏》诏书，宣布变法。新政从此日开始到9月21日慈禧太后发动政变为止，历时103天，史称"百日维新"。

在此期间，光绪皇帝根据康有为等人的建议，颁布了一系列变法诏书和谕令，其中对于女性思想觉醒起到了巨大启蒙作用的就是，新兴的资产阶级鼓励广开言路，允许士民上书言事；文化上，废八股，兴西学；设立中小学堂；创办京师大学堂；设译书局，翻译外国书籍；允许设立报馆、学会；派留学生；奖励科学著作和发明。这些革新政令，目的在于学习西方文化、科学技术和经营管理制度，发展资本主义，建立君主立宪政体，使国家富强。

在戊戌变法的过程中，为了将运动推向高潮，带动所有的人民参与其中，康有为等通过《中外纪闻》、《时务报》、《国闻报》和《湘报》等多个报刊媒体为宣传变法制造舆论中心，在康、梁等维新志士的宣传、组织和影响下，全国议论时政的风气逐渐形成。到1897年年底，各地已建立以变法自强为宗旨的学会33个、新式学堂17所，出版报刊19种。到1898年，学会、学堂和报馆达300多个。在强烈的爱国情推动下，广大老百姓开始全面接触西方的先进思想。

戊戌变法虽然失败了，但却产生了重大而深远的影响。它掀起了近代中国第一个思想解放的潮流，对中国人民的觉醒和进步起到了显著的作用。尽管当时新兴资产阶级势力太脆弱，抵不过势力强大的封建势力，但戊戌变法依然起到了开启民智、引入思想的作用。越来越多的人对清朝统治者感到失望，他们认为要救中国必须进行革命，推翻清朝统治，仿效西方国家建立民主共和制度。维新派及其他一系列的社会组织在中国开办了女校，使得资产阶级家庭的女性接受到了更为先进的西方思想，摆脱了旧思想的束缚。

1905年，清政府迫于形势压力，对教育革新网开一面，于年末颁布新学制，废除科举制，并在全国范围内推广新式学堂，西学逐渐成为学校教育的主要形式，平民教育也开始在中华大地上兴起。

清朝末年，由于政治的政体腐败，种族矛盾激化，帝国主义的经济、文化侵略，国家面临覆灭的命运，民众处于水深火热之中。在民族面临生死存亡的关头，孙中山先生团结汉族与少数民族人民集合社会先进力量，进行革命的发动与准备工作。1911年，孙中山先生带领革命党人发动了辛亥革命，通过先后发动的多次武装起义，撼动了清政府的殖民王朝。

辛亥革命时期，中国妇女以前所未有的姿态荣登历史的舞台，她们向世人展示了中国妇女从思想到行动上的崛起。辛亥革命不仅仅是一个政治领域的革命，它同时也是一个社会革命。而女权这一部分是辛亥革命在社会领域的具体表现之一，是社会变迁的一部分，冲击了社会的传统习俗。应该说，辛亥革命影响了中国女性的成长。现我们围绕辛亥革命时期的中国女性展开一系列的探讨。

一个时期人民的思想解放离不开那个时期的时代背景,而知识女性妇女解放思想就是辛亥革命时期国破家亡、救亡图存的时代产物。

以"三纲五常"、"三从四德"为核心内容的封建礼教构成了专制集权统治的精神支柱,阻碍了中国社会的变革。在"三纲五常"之中,"夫为妻纲"的夫妇之论,扼杀了占人口半数的女性的个性与才智。处于社会最底层的妇女一直都想要摆脱这种命运。

1911年10月19日,辛亥起义成功后的第9天,湖北军政府即发布妇女放足的通告。孙中山就任临时大总统后,立即于1912年3月13日发布命令:"恶习流传,历千百岁,害家凶国,莫此为甚。……当此除旧布新之际,此等恶俗,尤宜先事革除,以培国本。为此令仰该部,速行通饬各省,一体劝禁,其有故违禁令者,予其家属以相当之罚,切切此令。"各地政府纷纷呼应,放足运动到民国时期首先在大城市得到普及,在上海还成为新的时尚。

除了禁缠足这一项,辛亥革命期间还有多项和女性有关的移风易俗措施。从束胸到放胸、从结婚必须遵从父母到自由恋爱、从必须遵从丈夫到男女平等,服饰方面出现旗袍、胸罩(这个和放胸有关),教育方面女性可以享受教育了。总之女性地位得到了极大提高。

辛亥革命时期颁布了很多解放妇女、推翻封建礼教的条例,大力宣传男女平等,促进妇女解放。辛亥革命时期兴办女子学校,使得知识女性群体迅速成长。越来越多的中国妇女出国留学,增长知识。而在国家处于最危难的时期,妇女与男人共同作战,宣扬爱国主义思想,唤醒沉睡中的中华民族。

辛亥革命的爆发为这一时期的妇女参政运动提供了契机。中国妇女界首次旗帜鲜明地亮出了"妇女要求参政权"的口号,这引起了社会各界的广泛关注。

中国同盟会创立后,中国女界中的先进分子——秋瑾、何香凝、唐群英、林宗素等人也纷纷加入,投身于革命的前期准备工作。1911年10月武昌起义爆发,各地纷纷组织起妇女团体,如"女子北伐敢死队",成员共有70多人,平均年龄在20岁左右。在积极投身于革命的同时,唐群英、林宗素等女界精英也深刻认识到妇女解放,尤其是妇女参政的重要性。她们借助辛亥革命的民主之风,在中国大地上开展了一场轰轰烈烈的妇女参政运动。数千年来,大多数男子参政之权尚且被剥夺,更不必说处于社会最底层的中国妇女。她们被重重地束缚着,连最起码的人权都得不到,更不用提参政议政的权利了。

辛亥革命一声炮响,承认广大民众享有民主权利,当然也包括参政议政权在内。西方

"自由"学说的传入为辛亥革命时期妇女参政运动的开展提供了思想武器。

辛亥革命时期的妇女参政运动虽然最终未取得实质性的成效,"妇女参政"的要求仅仅停留在一些先进人士的头脑当中,但是这是中国妇女们站起来历史中重要的一笔。正是因为有了这些前人们的不断努力,才会有后来的妇女解放成功。也正是这些妇女们的参政运动,使得女性同胞还有男性们认识到了女性的力量,女性参政才会使得真正意义上的全民族平等。

宣统三年八月十九日,驻军武昌的新军工程第八营熊秉坤首先发难,接着各营也相继响应,革命军气势如虹,各省纷纷光复。清帝眼见大势已去,只好宣布退位。1911年12月29日,南京十七省代表会议选举孙中山为临时大总统,从此结束了清朝260多年的封建专制统治,同时,通过辛亥革命西方启蒙思想进一步传播,民主共和的思想深入人心。

但是历史的更迭总是波折跌宕,由于清朝并未正式灭亡,清政府派大臣袁世凯用北洋新军进攻南京的中华民国政府,孙中山知道自己的革命军打不过装备先进的北洋军,主动求和,表示如果袁世凯赞成共和,可以保举他为总统,自己下台。

1912年2月12日,在袁世凯的威逼下,隆裕太后代宣统帝溥仪颁布退位诏书,清朝灭亡。2月15日,袁世凯就任中华民国临时大总统,首都迁至北京,史称北洋政府。

袁世凯一上台就大搞复辟,1913年6月亲自发表《尊孔令》,鼓吹"孔学博大"。1914年又发布《祭圣告令》,通告全国举行"祀孔典礼"。袁世凯为首的北洋军阀推行的尊孔复古举动无非是历史的逆流,这明显和共和、民主的思想格格不入,更为重要的是经过辛亥革命,先进的知识分子认识到,革命失败的根源在于国民脑中缺乏民主共和意识,必须从文化思想上冲击封建思想和封建意识,通过普及共和思想来实现真正的共和政体。

面对这股反动逆流,资产阶级和小资产阶级知识分子依然对封建主义抱有幻想,有的前后维艰,有的彷徨苦闷。这时候,陈独秀、李大钊、鲁迅等一大批激进民主主义者发动了一次反封建的新文化运动,同封建尊孔复古思想展开了激烈的斗争,大张旗鼓地宣传资产阶级民主思想。他们通过《新青年》集中打击作为维护封建专制统治思想基础的孔子学说,掀起"打倒孔家店"的潮流,更重要的是,这些激进的民主主义者主张男女平等、个性解放。

伟大的文学家、思想家和革命家鲁迅,1918年5月在《新青年》上发表了中国现代文学史上第一篇白话小说《狂人日记》,对旧礼教、旧道德进行了无情的鞭挞,指出隐藏在封建仁义道德后面的全是"吃人"二字,那些吃人的人"话中全是毒,笑中全是刀",中国2000

多年封建统治的历史就是这吃人的历史，宣告"将来容不得吃人的人活在世上"。这篇小说奠定了新文化运动的基石。

在《新青年》的影响下，一些进步刊物改用白话文。这又影响到全国用文言文的报纸，开始出现用白话文的副刊，随后短评、通讯、社论也都采用白话文和新式标点。1917年爆发了伟大的俄国十月社会主义革命，震动了全世界，也照亮了中国革命的道路，在国际上产生了巨大的反响。这一运动的深入发展吸引了许多年轻人，特别是青年学生集合在反帝反封建的旗帜下，为迎接一场彻底的反帝反封建的政治斗争做好了思想准备。

这个运动在政治上和思想上给了封建主义一次前所未有的沉重打击，在思想界形成了一次新的思想解放潮流，为五四运动奠定了思想基础。

"新文化运动"的思想主导是胡适，在倡导科学和民主的同时，他和当时的很多文人受易卜生的影响，针对当时中国国情提出了健全的个人主义——个人的自我拯救、妇女解放——救出他人、打破家庭孝道——救救孩子和社会自由——人人平等的奋斗途径。

新文化运动打破了封建文化的统治地位，以改良过的欧美新文化替代了旧文化，进一步启迪了民智，沟通了东西方文化，使中国对西方的理解更加深入了一个层次；在思想上，进一步打击了封建专制思想，传播了西方民主、自由精神，也塑造了中国现代文人的自由主义思想，并使自由主义和三民主义、共产主义并列为现代中国三大思潮，其在高级知识分子中更是主导；在政治上，为中华民族培养了一大批关心国事、图存图强的现代人才，同时也形成了以自由主义知识分子为主体的"第三条道路"政治势力，对钳制当政者专制冲动、推动中国政治民主做出了重大贡献。

新文化运动全方位动摇了封建思想的统治地位，使中国人民的思想得到空前解放，解除了思想禁锢的知识分子们开始投身更多的政治活动，成为"五四运动"的导火索。知识分子在此运动中所宣扬的社会主义思想，确立了中国共产党统治的根基。

新文化运动的出现既是当时特定历史时期经济、政治、思想文化诸因素综合作用的产物，也是近代中国经历长期的物质、思想准备的必然结果。新文化运动标志着中华儿女思想的觉醒，奠定了女性回归社会的社会思想基础，大声呼吁整个社会重新评估女性的地位和价值。这些势必将会使广袤的中华大地，再一次经历革命性的、彻底的洗礼。

北洋军阀的黑暗统治、中国工人阶级的壮大、新文化运动促进思想解放、十月革命给中国人民送来了马克思主义，再加上巴黎和会的外交失败、"巴黎和约"的签订，引爆了轰轰烈烈的五四爱国运动。

1919年1月18日，德国在一战中战败，战胜国在巴黎召开"和平会议"。中国代表团以战胜国身份参加和会，提出取消列强在华的各项特权，取消日本帝国主义与袁世凯订立的"二十一条"不平等条约，归还大战期间日本从德国手中夺去的山东各项权利等要求。巴黎和会在帝国主义列强操纵下，不但拒绝中国的要求，而且在对德和约上明文规定把德国在山东的特权全部转让给日本。北洋政府竟准备在"合约"上签字从而激起了中国人民的强烈反对。此消息传到中国后，北京学生群情激愤，许多爱国团体纷纷通电，斥责日本的无礼行径，并且要求中国政府坚持国家主权。但北洋政府屈服于帝国主义的压力，居然准备在《协约国和参战各国对德和约》上签字。

1919年6月28日，北洋政府和列强们签订了《凡尔赛和约》，仍然将德国在山东的权利转送日本。

1919年5月3日晚，北京大学学生举行大会，北京众多高等学校也有代表参加，学生代表号召大家奋起救国。5月4日下午，北京高等师范学校与北京大学、中国大学等十三校在天安门前举行集会和游行示威。3000多名学生代表冲破军警阻挠，云集天安门。他们打出"誓死力争，还我青岛"、"收回山东权利"、"拒绝在巴黎和约上签字"、"废除二十一条"、"抵制日货"、"宁为玉碎，勿为瓦全"、"外争主权，内惩国贼"等口号，并且要求惩办交通总长曹汝霖、币制局总裁陆宗舆、驻日公使章宗祥，学生游行队伍移至曹宅，火烧曹宅，痛打了章宗祥，引发"火烧赵家楼"事件。随后，军警给予镇压，并逮捕了学生代表32人。

学生的爱国主义行为获得了各界人士的关注和支持，广州、南京、杭州的学生和工人也给予支持。1919年5月19日，北京各校学生同时宣告罢课，随后，天津、上海、南京等地学生，在北京各校学生罢课以后，先后宣告罢课，支持北京学生的斗争。

1919年6月5日，上海日商的内外棉第三、第四等纱厂和商务印书馆的工人全体罢工，参加罢工的有两万人以上。上海工人罢工波及各地，京汉铁路长辛店工人、京奉铁路工人及九江工人都举行罢工和示威游行，自此起，运动的主力也由北京转向了上海。

面对强大社会舆论压力，曹、陆、章相继被免职，总统徐世昌提出辞职。1919年6月12日以后，工人相继复工，学生停止罢课。1919年6月28日，中国代表没有在和约上签字，中国收回主权。

1921年11月12日至1922年2月6日，美国倡议的华盛顿会议召开。1922年2月4日，中国和日本在华盛顿签订了《中日解决山东问题悬案条约》及其附约。条约规定，日本将德国旧租借地交还中国，中国将该地全部开为商埠；原驻青岛、胶济铁路及其支线的日军应立即撤退；青岛海关归还中国；胶济铁路及其支线归还中国等。附约中规定了对日本和其他国家侨民的许多特殊权利。但是中国通过该条约收回了山东半岛主权和胶济铁路权益。

五四运动表现了反帝反封建的彻底性，是一次真正的群众运动，五四运动促进了马克思主义在中国的传播及其与中国工人运动的结合，从而在思想上和干部上为中国共产党的建立准备了良好的条件。

19世纪末20世纪初，中国女权运动的主要内容有：要求女性可以参加阶级斗争、女性可以发表自己的政治意见（即参政权）、女性可以放足（即不再裹"三寸金莲"的小脚）。而女性渴望解放身体、渴望发挥自己思想的要求和西方的教会密不可分。1844年，英国东方女子教育协进会会员、传教士爱尔德赛在宁波创办女塾，这是近代外国人在华设立的最早一间教会女学。据不完全统计，到1876年基督教教会创办的女子教育机构有学校100多所，上千的女性从这里获得了新思想，尽管当时中国人自己还没有创办任何女子教育机构。

中国的女性解放运动就是从兴女学开始的。1898年经元善在上海创办的经正女学是我国近代第一所国人自办的女校；1902年，蔡元培等在上海创办爱国女学。自此，中国的女性学校如雨后春笋般陆续涌现，上万的女性获得了教育的机会，学会了认字、学会了思考、学会了表达。可以说，女性的教育是中国女性觉醒的第一步。

女性革命先驱秋瑾于1907年创办了《中国女报》，燕斌于1907年创办了《中国新女界杂志》，陈撷芬于1902—1903年创办了《女报》等。这些女性革命者成立了"中华民国女子参政同盟会"，并提出以下九项政纲：①男女平等之实现；②女子教育之普及；③家庭女性地位的向上；④一夫一妇主义之实行；⑤自由结婚之实行与无故离婚之禁止；⑥女性职业之励行；⑦蓄妾及女性买卖之禁止；⑧女性政治地位之确立；⑨公娼制度之改良。

可以看出，这个时期的女性通过辛亥革命、新文化运动、五四运动等，已经开启了自己独立的阀门，形成了初具规模的女性独立思想，不但明白男女平等、婚姻自由，更明白女性可以通过教育改变自己的命运，女性可以通过教育赋予自己参政的能力、走向社会独立的资本。

通过1912年袁世凯政府宣布的"选举权和被选举权为男子独享"即可以看出，当时中国女权运动的威力和影响力。1913年，宋庆龄通过《现代中国女性》指出："中国必将成为世界上最大的教育发达的国家，而其女性将与男子并驾齐驱。"宋庆龄说："女性地位是一个民族发展的尺度。我希望中国和日本的女性,争取实现那个人类不为动物本能所支配,而由理性所指导的日子。"宋庆龄反对男子压迫女子的举动,也反对女子压迫女子的举动,告诉广大女性,女性要求平等,应当先以平等待同类,打破富贵贫贱的阶级界限。

1922年,中国共产党的第二次代表大会制定了关于女性问题的第一个文件《关于女性运动的决议》,其中首先肯定了女性是革命事业中不可缺少的一部分,女性解放要和无产阶级的解放连接在一起,只有首先获得政权,才可以实现女性的根本性解放。随后,女性劳动并且获得和男子一样的报酬成为法律条文。1928年,中共第六次代表大会上,又补充了女性享有继承权、土地权和政府反对童养媳、反对买卖女性等更加具体和细致的法律条文保护女性权益。

中国女权运动的代表人物,近代首选烈士秋瑾。秋瑾少时常与唐群英、葛健豪往来,三人时常谈论新文化,谈论自由思想和女性独立,后来三人被誉为"潇湘三女杰"。秋瑾随着丈夫寄居京师的时候,目睹了八国联军对中华大地的蚕食,面对政府无能、百姓困苦的社会,1904年7月,已经结婚并且生育有两个孩子的她,不顾丈夫王廷钧的反对,冲破封建的束缚,自费东渡日本留学,渴望学得真理救国救民。秋瑾在东京经常参加集会,登台发表革命救国和女权道理。秋瑾一贯以提倡女权为己任,她说"女学不兴,种族不强;女权不振,国势必弱"。1907年秋瑾创立《中国女报》,通过撰写文章,提倡女权,宣传革命,以"开通风气,提倡女学,联感情,结团体,并为他日创设中国妇人协会之基础"为宗旨。

第五章　文学里的自由灵魂

第一节　《十日谈》的解读

让我们看看那个时期的经典巨作《十日谈》吧。《十日谈》是部写给女性的书，作者薄伽丘是男性，在书中的序言部分薄伽丘直接说明此书的读者是哪个群体，"对于像柔弱的妇女那样需要安慰的人，命运却偏是显得特别吝啬。为了弥补这份缺憾，我才打算写这一部书，给怀着相思的少女、少妇一点安慰和帮助，为的是，针线、卷线杆和纺车并不能满足天下一切的妇女"。

这本身就是对在男权社会意识主导下，男性话语权在文学方面下放给女性的第一次。这是一部为女性而写作的书，薄伽丘把女性与男性共同看做社会阅读群体的一部分，并专门为女性而写作，充分说明了薄伽丘对女性作为与男性平等的社会身份的认同。

《十日谈》的主角是十个青年男女（其中七女三男），每人一天讲一个故事，共十天一百个故事。故事都有一个确定的主题，这些主题又共同构成一个系统的主题。在这个严密的结构中，暗含了一个作者所安插的视角——女性视角。这一视角的确定使得女性的发声成为可能。

《十日谈》在故事开头首先出现的是七名女性并由她们萌发了去乡下避瘟疫的念头，偶然遇见了三名男青年后，薄伽丘用了"收容"一词形容女青年对男青年的态度，让他们做女性的"跟班"和"向导"。这一冲破男性霸权式的词汇运用充分体现了薄伽丘在创作《十日谈》时的情感倾向与女性意识本位的立场。后来十个人建立了自己的临时"小社会"并订立了"王位"领导制度，在这个制度中，男女平等轮流当"女王"或"王"，这种安排又一次与现实社会中女性地位的现状形成了反差对比，对男权社会制度下的传统女性地位观念进行了冲击和挑战。

另需注意的是讲故事的人都是青年男女,青年男女代表了社会的新生力量,他们的观念代表了对传统的颠覆、抗争,代表了社会前进的方向和未来。可以说正是在上述种种结构的安排下,《十日谈》中的女性真正有了自己的发言权,与男性一样,可以真正在文学世界里第一次发出自己的声音。

薄伽丘用他的《十日谈》塑造了一大批颠覆传统男权观念的女性形象,这种颠覆在仍然以男性话语为主导的社会里可以说是大胆而富有革命性的。从下层的农妇到中层的贵族夫人再到最上层的公主,再加上形态各样的修女,《十日谈》的女性角色覆盖了全社会各个阶层几乎所有当时主要的女性身份职业的种类,可以说是文艺复兴时期欧洲女性生存状况的分布图。这种角色的遍布性,说明了《十日谈》所反映的对女性问题的重视和思考并非片面的,是有社会共性的,薄伽丘关注并唤醒的正是所有各阶层、各职业的女性。

《十日谈》第一天第九个故事,讲述了一个受了污辱的太太在讽刺地骂了昏庸无能的国王后,国王竟然变得英明有为起来。这表达了作者认为女性是男性心理和生理的启蒙者。《十日谈》第六天第七个故事,讲述了偷情的菲芭被丈夫发现告上法庭后,通过诡辩使得法庭宣判她无罪并更改了相关法律。这就启迪了女性,女人不只是男人的附属品,女人通过自己的智慧可以保护自己。

最有颠覆意义的是第三天的第三个故事,一个少妇通过欺骗愚笨的神父搭桥使自己最终能和心仪的小伙子相见。在其他文本的男权主义语境中,女性往往只是男性的玩偶,女人因此也只能是男人玩弄的对象。但是《十日谈》中的女性知道自己的真正需求,所以她们运用头脑来满足其需求。男性往往充当了被玩弄者的角色,而女性则俨然是一个主体的姿态。《十日谈》使女性彻底明白了自己可以拥有独立的思想和肉体,自己可以完全掌握自己的人生。

《十日谈》讲述了很多婚外情故事,且许多女性在偷情过程中扮演着主动、大胆的角色。这种以"身体"为本质特征的女人性,表现了女性对自我身体欲望的觉醒、对身体欲求的大胆满足及对性爱的放纵。这种体现充分表达了作者对女性意识觉醒的呼唤。

薄伽丘通过自己的创世纪作品——《十日谈》,用自己的笔代妇女说出了妇女想说又不敢说也不能说的话,表达了妇女自我身体欲望的觉醒,以此来肯定他的时代所应有的观念:无论男人还是女人,性爱和情爱是人身上不可遏止的原生命力,所以不应该封闭和禁止,而应顺其自然。

古典文化的人本精神成为新兴资产阶级人文主义思想文化体系赖以形成的基础。对人的关注、对人的价值和尊严的肯定、对现世生活的追求，猛烈冲击着统治欧洲长达千年之久的宗教神学。"人"自然地分为两性，人性的解放必然要求女性的解放。人文主义对后世产生的"平等"、"博爱"等思想，也必然要求妇女的参与。因此可以说，没有女性意识的惊醒、没有妇女原欲的解放，人文主义就不会完整。

尽管中世纪后期传统的妇女观仍在延续并占有很大市场，但相当一部分精英女性并未受男权意识形态的压制和束缚，一味消极屈从，而是表现出了极大的能动性，为自己的性别辩护，宣扬女性的美德，挑战男权妇女观。不公平的命运激发了妇女们反抗男权专制的女权思想，识字率的提高和印刷术的发明应用等作为积极因素又进一步促进了女性主义思想的发展，犹如死水般的女性意识在人文主义的浪潮中得以复苏和流动。

第二节　进步的丁玲

在谈到女权主义在中国的发展时，还有一位不可逾越的重要人物，那就是丁玲。美国哥伦比亚大学华裔教授王德威说："谈论现代中国女作家的创作及早期女性主义者的活动，丁玲每每是不可或缺的要角。"丁玲在其著名的《"三八节"有感》里说过："我自己是女人，我会比别人更懂得女人的缺点，但我却更懂得女人的痛苦。她们不是超时代的，不会是理想的，她们不是铁打的，她们抵抗不了社会的一切诱惑。"而这种女性独有的感受在《莎菲女士的日记》中表现出来。

莎菲这个因患病而陷于严重忧郁的年轻女性，对衷心爱她、对她唯唯诺诺、长相猥琐的苇弟没有兴趣，而对玩弄女性的高手、长相俊美的凌吉士却抱有性幻想，渴望征服他、得到他。这是一篇在五四时期引起巨大轰动的小说，其耐人寻味的地方就是赤裸而细腻地表现了女性的性意识。有学者精辟地指出："中国的女子向来不敢正视自己的欲望，所以这里的莎菲是大胆的、勇敢的。"敢于如此大胆地从女主人公的立场寻求爱与性的意义，在中国近代文学史上丁玲是第一人。"莎菲那矛盾的、浪漫的个性，代表五四运动时代感到新旧思想冲突的苦闷的女性们"。

在此，丁玲把历来没有地位的女性置于话语的中心，而历史上伟岸的大丈夫们被她消解了。虽如此,在莎菲女士的癫狂中,我们分明可以看到礼教的影子。这个影子追随着即使是处于忧郁症状态而陷于癫狂中的莎菲,她渴望得到凌吉士肉体的爱,但当凌吉士要给她这种爱的时候她却退却了。这种退却是礼教给她的,是一种理智的胆怯,她并不能真正摆脱几千年来封建礼教思想在她头脑中的潜在影响,此时女性解放是不彻底的,并没摆脱历史对女性的种种束缚。

丁玲早期的作品中所表达的追求独立的思想,源于自己的亲身经历——辗转在好友冯雪峰和胡也频中间的爱情故事。五四运动带来的暴风雨般的精神洗礼,对丁玲的内心产生了巨大冲击。丁玲从自我、从人的生存困境出发,去探求人之自由、解放的可能。过"有独立人格的生活"一直是她不懈追求的人生境界。

随着入驻延安——中国革命的大本营,丁玲的思想发生了更大的变化,丁玲在其1942年的《"三八节"有感》中,提出这样一个问题:"妇女这两个字,将在什么时代才不被重视,不需要特别地被提出呢?"这说明在延安的新体制下女人的平等和自由的要求受到了威胁。于是,她在文章中讨论了参加革命的女人所面临的许多严峻的"实际问题"和导致这些问题得不到解决的原因。什么时候女人才不再是抽象的存在物,而是与男性平等存在的女性?不再是被男性中心的社会文化心理固着在家庭的落后的"娜拉",也不是"好风凭借力,送我上青云"的政治风头人物,而是不断超越自我的、历史的、现实的人?只有把妇女问题纳入到具体的体制内,才能使女性的社会利益得到真正的重视。丁玲在文章的"附及"中又意犹未尽地写到:"觉得有些话假如是一个首长在大会中说来,或许有人认为痛快,然而却写在一个女人的笔底下……"她认为:女人们的"落后"是社会产生出来的,在社会制度、物质条件发生变化的同时,人的意识也应该改变,改变的责任女人本身固然也有,但首先必须由男人们,特别是有地位的男人们"承担"。当然,尽管她得出的结论令许多人不快,但我们还是可以看到,丁玲不是从单纯的男女性别关系的角度来思考问题的,这使她避免了许多片面的"女人之见",而她所确立的"性别政治"的思考模式则使她的观点具有了不可回避的挑战性。

出于对封建伦理道德加之女性的压抑(借助于两性关系)的彻骨痛感,她选择了女性/政治的叙事模式。其对女性生存境况的强烈关注,使作者一度潜隐的女性自我意识得以恢复,并获得了集中而突出的表现。

丁玲源自五四新文化运动的个性主义、自由精神及女性主义的政治文化立场与新民主主义革命政治在战时文化背景下呈现出的封建性、男权意识发生了严重的冲突。在这些作品中，丁玲对女性自我与革命的关系这一极富社会政治色彩的问题做出了独特且极富个性深度的思考。换言之，在这些小说中，丁玲已经非常自觉地把她作为一个"女人"的个体经验和意识，融入到她对于通常属于社会政治问题的"妇女问题"的思考之中。

　　随着1929年长篇小说《韦护》的诞生，丁玲的思想随着丈夫胡也频的革命生涯也发生了转变，丁玲从个人主义转向马列主义。表面上看，爱情和革命似乎是不可兼得的相克之物，但实际上，恰恰是爱情赋予了革命深入人心的力量。《韦护》的创作传达的是这样一种观念：为了社会的进步、民生的幸福，个人的需求是应该压抑的。为了肯定革命的必要性，丁玲，这个爱情的怀疑论者不惜花费大量的笔墨真诚地礼赞爱情。因为越是渲染爱情的美丽、神奇、无法抗拒，才越能显出抉择的艰难，而艰难中的最终抉择也就更凸显了革命的重要性。此时，丁玲的思想由追求女性解放升华到了革命女性、解放女性的高度。桀骜不驯的"莎菲"变成了一个"革命性"的"丽嘉"。此时的丁玲受到毛泽东思想和马克思主义女性主义思想的影响，思想已经由单一地追求个体的权利、自我的完满，转变为通过大规模的革命来解放所有的女性。革命的胜利需要牺牲个人的某些需求。

　　之后《韦护》的姊妹篇《1930年春上海》，更是揭示了面对时代大潮，新一代女性对于女性自身命运的思考。通过美琳和玛丽不同的人生道路，丁玲在有力地揭示个人主义的狭隘、虚幻的同时，昭示出了革命之于女性的重要意义，这表明丁玲已经在很大程度上接受了建立在马克思主义原则基础上的新的集体主义观念和新的女性解放观。

　　丁玲代表着20世纪30年代中国先进女性的思想更迭和变化，中国女性面对着西方入侵的事实，耳濡目染着新时代的西方女性解放思想，内心世界逐渐由屈从于感情的控制、渴望得到男性的爱情，转变到理性的思考，继而上升到革命使女性解放的高度。痴迷于爱情、来自男性的保障经常使女性陷入自我的迷狂中，丁玲在创作之初即已通过梦珂、莎菲们的精神危机凸显了女性这一弱点，并主张用理性、意志加以克服。不过，随着对女性问题思考的渐趋深入，丁玲越来越认识到：女性的愤怒源于她对自身境况的醒悟与反抗。在《"三八节"有感》中，通过对延安两性生存中事实上的不平等的揭示，丁玲也尖锐地指出：革命，并没有撼动性别统治的基石，"妇女"依然是需要被重视、被特别提出的字眼。尽管她清醒地意识到现实处境的复杂艰难、女性革命的任重道远，但还是以乐观、昂扬的姿态提出了她的极具现实意义的女性对策："所以女人要取得平等，得首先强己。"这不仅仅是莎菲们"独立"呼声的延续，在经历了几个阶段的探索之后，丁玲的女性解放观中已注入了更为丰富的性别内涵和新的时代内容，她以自己的创作向往在"人"的意义上建构起真实的女性主体。

丁玲有这样的自白:"在陕北我曾经经历过自我战斗的痛苦……从不稳定到安定,从脆弱到刚强,从沉重到轻松。"事实上,丁玲自己就是在延安成熟起来的,这一切的思想转变都象征着那个时期中国现代女性经过自我审视、"自我战斗"后,获得了人格的巨大超越,知识分子的个人话语汇入到对"土地"的亲近中,中国新女性的政治意识呈阶梯状上升。她们的心路历程中表现出中国现代女性的精神寻找和女人从女性到妇女的内涵转变。

第三节　从《傲慢与偏见》和《倾城之恋》看东西方的女权主义思想萌芽

文学作品是表达女性思想的最直接、最有力量的途径,接下来,我们通过当时东西方世界两部具有划时代意义的文学作品对东西方女性思想作一个比较。

自从母系氏族社会解体,女性就基本上不再是同男性一样并世而立的人,而变成了一个性别符号。男性为了自身的需要,赋予其种种服务功能,能够符合男性要求的,诸如各种具有贤惠、顺从、美丽等特征的女性,就成为男性心目中的天使,反之,则为魔鬼。历代父权文化的文本中,凡写到女性,大多非此即彼。于是,千百年来,女性在社会或是文化群体中一直处于他者或亚文化层中。在男性写的历史与文学中,女性被剥夺了主体的各种独立、自主的特性,成了一种"相对"的存在,只能具有某种从男性那里"反射"出来的价值。

劳伦斯可算是一个女性"同情者"了,他把男女两性还原为生命的真实,认为女性并不邪恶,甚至很好。但他同时也判定妇女是服从者,应该毫无保留地让自己被限定为"他者"。连劳伦斯之类的女性"同情者"尚忽视了女性的主体特性,更遑论蒙特朗之流厌恶蔑视女性的作家了!

当文明发展到了一定的程度,女性群体里便会逐渐兴起反抗之音,而当女性掌握了文字,能够用笔记录她们的思想之时,这种女性之音便愈来愈强,影响范围也愈来愈广了。女性意识到了自己的主体存在,女性不再是一个扁平的性别符号,不只是一个携带有种种服务功能的综合物，而有自己的喜怒哀乐，有自己生存价值的思考，有实现自我，在外部世界取得优势、获得支持权的需要与追求。这就从根本上打破了几千年来传统的父权制文化中要求女性温顺贤淑、听话服从，为男性、为家庭湮没自我的惯例。虽然，这种以男性为中心的文化体系不可能被完全摧毁，也不可能立刻就能成立一个以女性体验顺从姿态下的女性意识和感受为主的符号系统。但女性话语一旦发出，女性意识就有了传达出来的可能，就必将逐渐形成一股以柔克刚的阴性力量，对于构建更合理的男女共存模式也必将起到不可替代的作用。

简·奥斯汀与张爱玲就是这样的两位自由驾驭女性话语的作家。正像伍尔芙所说："直到奥斯汀的时候，所有戏剧里的伟大的女人不但是仅仅由男人眼里写出来，而且仅因她们和男人的关系而写出来。"可以说，奥斯汀是开了女性展现其女性意识的先河，而张爱玲尽管没有占据第一位的位置，却拥有一支最能挖掘女性内心世界、探讨女性生存本相的笔。对奥斯汀的研究从她1812年第一次发表作品时就已经开始了。对其作品的评价既有像司各特那样的"居高临下"的"保护"态度，也有夏·勃朗特等浪漫主义作家和马克·吐温等"大男子主义"者的攻击。现代、当代批评又从不同角度对奥斯汀的思想与艺术进行开拓，对于奥斯汀作品中的性格描写，著名小说家、小说理论家爱·摩·福斯特提出了著名的"圆形人物"和"扁形人物"的论点。

对张爱玲作品的评论，20世纪40年代有傅雷的《论张爱玲的小说》奠基于前，60年代有美国哥伦比亚大学夏志清教授的《中国现代小说史》推波助澜于中，台湾学者唐文标的《张爱玲资料大全集》和《张爱玲卷》又整理阐发于后，可以说，对张爱玲的研究已初具规模。由于社会历史和政治的原因，我国大陆对张爱玲的研究在20世纪50年代开始出现了一段空白。直到20世纪80年代，一批评论家才又把对张爱玲这一独特作家的研究提上了日程。近些年来，关于研究张爱玲的文章已达近百篇，还出版了四部张爱玲传记作品。但把张爱玲创作从女性意识的角度加以阐发的文章还为数不多，笔者手头仅有林幸谦的两篇专论：《反父权体制的祭典——张爱玲小说论》和《女性焦虑与丑怪身体：论张爱玲小说中的女性亚文化群体》（林幸谦，男，香港浸会大学中文系助理教授，现就读于香港中文大学博士班）。综上所述，对奥斯汀和张爱玲作品的研究文章已有相当数量，把她们的创作分别与女性意识或妇女地位联系起来揭示的也有一定的数量，也有几位评论家把奥斯汀的《傲慢与偏见》与曹雪芹的《红楼梦》进行了比较研究。然而，迄今还未曾有研究者把奥斯汀和张爱玲联系起来加以比较，更别说从女性意识的角度对二者进行比较研究了。基于此，笔者力图以女性独立和男权崩溃为基点，从一个新的角度对这两位女性作家做一个更深刻本质的分析。

简·奥斯汀（1775—1817年）生活的时代深受"启蒙运动"和"工业革命"影响，正从传统向现代转变。简·奥斯汀的作品就仿佛是一幅画般地反映了英国人民在这个时期的转变。19世纪英国的女性地位与她的家庭背景、财产数量（或者大多数状况下，是和她先生的财产数量）紧紧相连。女性不管多么有能力、多么聪明，最终都要为家庭牺牲。换言之，女性的地位生来就低于男性。忠于丈夫、容忍家庭暴力、隐藏自己的才华，都被视为女性的美好品德。即便是这种状况，女性也没有对自己的不公平命运表现出任何反抗和挣扎。她们觉得自己的命运无非就是要么嫁给一个财产相当的男人，要么成为嫁不出去的老姑娘，要么就是做一名卑微的家庭女教师。女性的这三条出路中，女教师的收入太微薄，而且没有保障；当一辈子老姑娘按照当时的社会惯例，是要被关进疯人院的。所以，女性只有依靠婚姻，也就是男性，才可以生存下去。而男性对女性的欣赏、尊重，在很大程度上，也是基于待嫁女性拥有多少嫁妆。

相比较，20世纪30年代的中国妇女在几千年的封建社会和百余年的半殖民地半封建社会中经受了长期的压迫与屈辱。从五四新文化运动起，广大妇女为自身的解放与男性社会进行着英勇不屈的斗争。当时的社会思潮除了马克思主义、自由主义、三民主义，西方的先进文化也开始在中国社会蔓延。张爱玲同时受到了两种看似矛盾的文化的影响，从自己的家庭，她学习了中国古典文学；从母亲那里，她对外国的色彩、音符和文字都极为敏感，因此可以说，张爱玲是五四运动期间中国文学史上一位有代表意义的作家。

相比简·奥斯汀温和的女性主义思想，张爱玲的略显激进，甚至有点疯狂。如果说简·奥斯汀的作品平和、安静，那张爱玲的作品就是绝对的尖锐和狂热，语言阴柔、魅惑。在那个时代的女性作家中，张爱玲占有独特的、不可取代的位置。她在捕捉人物心理方面拥有敏锐的目光，对待生活的态度也是那个时代的女性作家所缺乏的，她笔下的女性拥有独特的女性优雅气质和经典的东方美，让人读过难忘。

张爱玲的写作风格与她的生活经历密不可分。她出生在上海一个没落的贵族家庭，从小耳濡目染遗老遗少的抱怨，亲眼目睹人间的悲欢离合，父亲吸毒、母亲出走、继母虐待等等的一切坎坷赋予了张爱玲冷漠的眼光、冰冷的心和犀利的笔。

腐烂的家族、破碎的家庭、缺失的亲情都是张爱玲作品的灵感来源。在她的作品中，张爱玲塑造了很多心理扭曲的女性形象，透过她们离经叛道的生活轨迹，我们可以清晰地感受到作者本身的女性主义思想,即渴望掌握自己的命运,渴望摆脱女性是丈夫、家庭和社会的奴隶的命运。这也是为什么张爱玲作品中的人物不像简·奥斯汀的那样单纯的原因。张爱玲笔下的女子个个精于算计,看惯了世态炎凉、人性可悲,尝遍了人间的酸甜苦辣,她们用尽手段来满足自己所需,尽管最后都会得逞,但却隐藏不住其中的凄凉、孤独和悲剧意味。

《傲慢与偏见》这部作品讲述了一个18世纪末19世纪初的典型的英国的中产阶级家庭的故事。当时的英国法律规定,女儿没有继承财产的权利。因此,无论是贝内特夫妇,还是他们的五个女儿,都急着找个拥有相当数量财产的男人。作品里面充满了贝内特一家人对待爱情、金钱和婚姻的不同的观点、不同的态度、不同的声音。真实地揉捏出一系列英国乡村里,既守旧又难以让人理解的芸芸众生的形象。

《倾城之恋》是张爱玲最富传奇色彩的小说,"柳原意在求欢,流苏意在求生,这是女性根本的悲哀,也是张爱玲的洞见所在",傅雷的这个意见对于范柳原是合适的,对于白流苏则有些冤屈。站在女性的立场看,白流苏的调情的背后是生存的焦灼和无奈。白流苏虽然几经努力得到了众人虎视眈眈的猎物范柳原,成功地逃出了家庭,但是,白流苏逃出了狼窝,又落入了虎口,而且,她得到的婚姻只是一座没有爱情的空城,而这座空城的获得也仅仅是因为战争的成全,是"香港的陷落成全了她"。虽然战争加快和简化了许多人正式成婚的速度,但作者心里最明白,这种婚姻肯定是靠不住的。

《傲慢与偏见》中,贝内特先生之所以毫不犹豫就娶了贝内特夫人———一位整天絮絮叨叨、神经兮兮的女性,也是看上了她四千英镑的嫁妆。伊丽莎白的好朋友卢卡斯小姐之所以立刻就答应了柯林斯先生的求婚,也是因为她想尽快通过婚姻来摆脱尴尬的"老姑娘"身份,同时不想自己成为父母的累赘。尽管她根本不爱柯林斯先生,甚至有些瞧不起他。简·奥斯汀通过卢卡斯小姐这个角色勾勒出一个受父权制社会压迫、无助而又荒凉的女性形象,女性只能靠男性获得生存的能力,只能依靠婚姻改变自己的处境,除此之外,别无他法,无奈的现实透露出作者犀利的笔锋,尖锐却不乏讽刺。

《倾城之恋》里,从腐旧的家庭里走出来的流苏,香港之战的洗礼并不曾将她感化成为革命女性;香港之战影响范柳原,使他转向平实的生活,终于结婚了,但结婚并不使他变为圣人,完全放弃往日的生活习惯与作风。因之柳原与流苏的结局,虽然多少是健康的,仍旧是庸俗的,就事论事,他们也只能如此。

面对父权制社会的压迫,简·奥斯汀本人没有用旧的"女性"概念来定义自己的出路,她透过伊丽莎白这个"新女性"的角色表达了自己内心的渴望，反击了那些针对女性"无能"、"软弱"的歧视。这种"新型的女人"毫不畏惧男权社会的压迫，为争取平等权利、平等待遇和平等机会而奋斗。新的妇女被定义为"男子气概"。也就是说，新的妇女自信、敢于为自己做决定，而且意志坚强。

伊丽莎白是五个女儿当中唯一为爱情而结婚的女性。她第一次拒绝达西先生的求婚是因为达西倚仗自己的财产而瞧不起贝内特一家，出于自己的强烈的自尊心和一种反叛父权制的心理，伊丽莎白拒绝了达西。直到达西摆正了自己的态度，不再以财产多少判断一个人，她才答应达西的求婚。从这点我们可以看出，简·奥斯汀的女性主义观点要求女性首先要成为社会认可的美好的淑女，拥有基本的知识和情操；其次，对于每个女性心中的"灰姑娘"情结也予以支持，伊丽莎白的姐姐——洁妮就是典型的例子，爱情对于她来说是单纯的、朦胧的、美好的；第三，简·奥斯汀认为，女性只要拥有了基本的品德，获得了各种各样的教育，意志坚强，自信，即便自己身无分文，没有殷实的家庭背景、广泛的社交，依然可以找到自己的完美生活。伊丽莎白就是这类型的代表。她首先意识到了自己的存在，没有带着"女儿"、"妻子"、"母亲"等父权制社会给的标签，而是她自己——"伊丽莎白"——一个可以独立思考、独立分析和判断的冷静的个体。伊丽莎白的女性意识也正是简·奥斯汀本人内心的呼喊和对女性的期望。简·奥斯汀希望女性面对来自社会各个方面的不公正待遇和歧视时，要保持镇定，勇敢地捍卫自己的尊严。女性和男性一样，应被公正的对待。当达西先生的姑姑——凯瑟琳女士得知达西向伊丽莎白求婚后，以自己的家世、财产、血统作为傲慢的资本而蔑视伊丽莎白时，伊丽莎白凭借自己的机智和英勇瞬间把凯瑟琳女士驳得面红耳赤。"在对待您的侄子向我求婚这件事上，我认为我们是平等的。他是一位绅士，而我是绅士的女儿…….如果您的侄子都不介意我的家庭背景、社交圈子，那它们就什么都不是……"义正词严，坦坦荡荡，丝毫没有卑躬屈膝的味道，满是掷地有声的自信和自尊。达西得知这件事后，终于明白了伊丽莎白对自己的真实感觉，他不顾一切地来找伊丽莎白，成就了美好的姻缘。可以说，幸福是自己争取的，难道不是吗？"尊重自己，相信自己，不畏惧压迫，就可以得到幸福"，简·奥斯汀透过伊丽莎白这样告诉我们。

而张爱玲则通过《倾城之恋》的女主人公白流苏给我们呈现了"新女性"表象下的旧女性，展示人的精神的堕落、不安和人性的脆弱、悲哀。这些女性或有着旧式的文雅修养，或受过新式的大学教育，但最后都免不了沦为"女结婚员"的尴尬角色。张爱玲告诉我们，若想改变女性的玩偶一样的地位，只有通过精明的算计和激烈的手段。

　　白流苏是张爱玲作品中很少获得幸福的女性角色之一，这是因为白流苏就是张爱玲的化身。她们同样出生在一个没落的贵族家庭，同样饱读诗书，却碍于贵族小姐的面子不被允许外出抛头露面地工作，同样作为一名女性，只能闺中待嫁。"在家从父，出嫁从夫"是那时候对女性的约束。当白流苏的第一次婚姻失败回家后，她收到了家人的关怀和理解，可温情的背后却是更可怕的来自骨肉亲人的"利刃"。先是被哥哥们骗光了钱财，后又被嫂嫂们逼得交生活费、做杂务，最后，白流苏意识到，除了改嫁之外自己在自己的娘家已经俨然没有活路了。怀着这种极度的痛苦，白流苏情急之下做了范柳原的情人。"哦，也许你不在乎，根本你以为婚姻就是长期的卖淫"，发出这样辛辣感慨的白流苏，说出了张爱玲心中关于女性只能依靠婚姻来生存的不满和讽刺。这无疑是张爱玲对男性占完全主导的社会的鞭笞和反击。张爱玲还暗示出，中国的传统女性身上几乎都有种"奴性意识"，即中国漫长的封建社会制造出了太多针对女性的教条和规矩，它们使女性普遍认为自己只能靠男人养活自己，女性只能以从属于男性的身份活下去，婚姻和厨房就是女性的最终归属地。对于这种"奴性意识"，张爱玲采取了批判的态度。通过白流苏的婚姻，张爱玲呼吁女性关注自己的命运，经济独立是自尊的基础，可以保障自己自由地生活。女性只有拥有独立的意识、摒弃掉女性是男性的附属品的偏见，才可能解放自己，不做婚姻的奴隶，不用自己的身体交换物质。

　　《傲慢与偏见》和《倾城之恋》中的女主人公过着物质贫瘠和精神疲惫的生活的根本原因就是她们经济的不独立。男性占主导的社会，女性能够参与并获得一定报酬的领域都被男性霸占着，他们是不会分一杯羹给女性的。在他们眼里，女性似乎只和厨房配套。同时，由于传统社会中农业非常重要，女性在体能上处于劣势，这也使女性很难养活自己。

　　最后，我们可以总结出，出身于中产阶级家庭的简·奥斯汀，家庭环境和她所受的教育都使她不能像张爱玲一样激进。她提倡女性应该清楚地明白一位真正的淑女在特定的情况下应该做什么、不应该做什么。女性不应屈服于命运的不公正安排，只有自己坚强的意志才能捍卫自己的尊严，而自尊是金钱不能买来的。

　　而张爱玲深受五四运动和当时社会、文化巨变的影响，因此在她的小说中，人永远不可能战胜命运，不可能躲过现实。人的命运总是伴随着永恒的悲剧和欲望，无一例外。张爱玲的想法是非常现实的，她深深渴望女性能摆脱旧社会文化和心理的禁锢，活得自由和开心。可贵的是，她首先肯定了金钱的地位，然后接受了女性不能独立存在的社会现实状况，最后提出女性应该先活得经济独立，才可能掌控自己的命运。

虽然简·奥斯汀和张爱玲的作品是两部截然不同的小说，但它们反映了一个共同的主题，就是：敢于和男权社会作斗争的女性主义思想，敢于为自己争取合理平等的机会和权利。通过赋予人物不同的喜好、希望和悲伤，作者也间接表达了自己的复苏的女性思想，小说主人公对男性主导社会的反抗也正是自己内心的渴望。最重要的是，两位作家都呼吁女性同伴们重新定义男女之间的关系，重新给自己找到定位，重新过一种为自己而活的日子。

第四节　从《傲慢与偏见》和《倾城之恋》看父权制的崩溃

18世纪与19世纪之交的英国正处于经济上升时期，在世界上的地位与日俱升。这一时期资本主义的主要矛盾尚处在潜伏阶段，各种社会矛盾相较于经济发展也都暂居于次要地位。此时的英国社会，尤其在乡村中的中上阶层中，弥漫着一片欣欣向荣的景象，呈现出一副歌舞升平的宁静安逸面貌。而20世纪上半叶的中国，正处于内忧外患并起的风雨飘摇时期。出生在这两个截然不同时期和国家的女性，却惊人地通过自己的文学作品表达了同样的女性思想。

奥斯汀的一生大半生活在18世纪末19世纪初传统思想与习俗比较顽固的英国乡村，这就很大程度上限制了她的思想。她的父亲乔治·奥斯汀是汉普郡斯蒂文顿教区的教区长，拥有稳定的收入，加上招收学生，养活九口之家，维持着农村中等阶层的生活水平和社会地位。所以，奥斯汀的生活圈子主要限于乡村的中等阶层，她本人过的基本上是中产阶级妇女的悠闲生活，较为悠闲富裕的生活环境使奥斯汀得以阅读很多书籍，并能够和她的姐姐卡桑德拉走亲访友，参加乡村舞会和其他社交活动。

凡此种种，使奥斯汀拥有了和张爱玲截然不同的思想，奥斯汀是不可能想象到张爱玲互相激烈撞击的复杂冲突的，对旧观念施加于女性的压抑与禁锢也不可能体验得像张爱玲那样深刻，简·奥斯汀的女性意识的觉醒是随着时代的进步而萌生的，这也决定她不会成为整个社会的叛逆者，相反，对社会的顺从构成了她性格中的一个重要方面。她的作品也便于含蓄的反讽之中呈现出一股轻松愉悦的戏剧气氛。正如弗吉尼亚·伍尔夫所说，奥斯汀"不憎恨，不怨愤，不胆怯，不反抗，不讲道地写作……她的天才和她的环境配合得极其完美"。

身处在20世纪40年代上海的独特条件下，特殊的家庭背景，在香港求学时遭逢战争，这种种际遇加诸于张爱玲这样一位现代知识女性之身，使她把目光从社会收缩到自身，以对人性尤其是女性内心的透彻审视代替对当时各种社会潮流的盲目趋附。对女性在命运的拨弄下所做的种种选择，无论她们是主动还是被动，张爱玲的笔触所至都没有导向道德上的谴责，而代之以深刻的心理剖析。这种对女性的理解包含着浓浓的叹息与悲哀，深刻的心理透视也无疑折射出了女性千百年来"人为刀俎，我为鱼肉"的悲惨境遇的社会历史根源。

从小便被灌输的顺从意识，落后的教会家庭与相对闭塞、狭窄的乡村生活也使简·奥斯汀难以摆脱保守的道德习俗。相对于奥斯汀，出生于20世纪的张爱玲所处环境要复杂得多了。

20世纪40年代的上海，东西方两种文化、两种层次的文明多面碰撞，多层次的矛盾冲突也时时缠绕纠结。这种社会历史环境对当时很多知识分子都影响很大。作为一名有着清醒认知又具有非常敏锐眼光的现代知识女性，张爱玲的情结更为复杂。张爱玲的家世在同时代的作家中大概是首屈一指的了。她的祖父张佩纶光绪年间官至都察院侍讲署佐副都史，是"清流党"的要角。她的祖母李菊桃是清末北洋大臣李鸿章的女儿。李菊桃不但貌美且很有才气，却于22岁逆父命嫁给41岁的张佩纶做继室，其中之无奈，后人难以忖度。据说他们尚是一对诗书应答的恩爱夫妻。然而张爱玲在《创世纪》里，站在女性的立场上，对祖父母的婚后生活作了大致的想象描摹："祖父不肯出来做官，就肯也未见得有的做。大小十来口子人全靠祖母拿出钱来维持着。"

作为后人的张爱玲没有多加渲染祖母的悲哀，淡淡几笔就把一个传统女性在社会体系中的生存状态勾画出来了。但张爱玲自己是决不愿坐以待毙的，她决不愿以彻底的屈服来换取一种性别符号的从属地位。于是，1937年的秋天，当她与后母吵架被父亲关在一间小屋子里时，挣脱锁链的时机来到了。经历了种种折磨，半年之后张爱玲从那幢她出生的房子逃了出来，她终于逃出了弥漫着鸦片烟味、充满腐朽堕落气息的"父亲的家"。

张爱玲的母亲黄素琼（后改名黄逸梵），自幼父母双亡，由大外祖母抚养成人，这大约是形成她独立、果决性格的原因之一吧。为了逃避懦弱堕落的遗少丈夫，她毅然远渡重洋，忍痛离开两个年幼的孩子到异国他乡去求学。后来又干脆以一纸离婚诉状彻底离开了无可救药的丈夫。这样的一位女性，在那个年代里可说是罕见的。张爱玲的血管里流的也便是这样的鲜血。她逃离父亲的家，投奔的也就是这样的一位母亲。母亲的欧化，父亲作为旧时代遗少的顽固的中国化，这两种矛盾在张爱玲的性格里时时纠缠冲突，对她的创作产生了巨大的影响。也许便因为如此，造就了她旁观者一样的冷静理智的文风，也使得她的作品里很少有"彻底的人物"，"他们不是英雄，他们可是这时代的广大的负荷者。因为他们虽然不彻底，但究竟是认真的，他们没有悲壮，只有苍凉"。所以，她的作品新派的人看了觉得还有些意思，可是嫌它不够严肃。

理论上讲，父权制这个概念最初源于社会学，它意味着一种社会结构，在这种社会结构中，父亲就是家长。狭义上讲，父权制指父亲为一家之主，继嗣和家庭关系皆是通过父亲来确认的一种社会组织；广义上讲，父权制是指父亲居主要权力位置的一种社会。女性在父权制社会里只有两种未来，要么一味服从，被世人歌颂；要么有自己的想法，被世人唾弃。但是黑暗的背面就是光明，黑暗的父权制社会也滋养着光明的女性主义思想。可以说，父权制是女性主义思想诞生的土壤。被压迫得太久了，失去应有的权利太多了，叛逆地追求独立的思想也就诞生了。

18世纪的英国和20世纪的中国都受父权制的统治，各种不公平的待遇也孕育出两位女性作家独特、前卫的思想。在《傲慢与偏见》和《倾城之恋》中，两位作家通过解构以往那些伟岸、光辉的男性形象，解构了为男性利益而设定的父权制社会。男性形象在《傲慢与偏见》中变得卑微、无能，如贝内特先生、维克汉姆、柯林斯先生；男性形象在《倾城之恋》中也变得荒谬、可笑，如范柳原、三爷、四爷。

在父权制社会，男性的形象都反复地被描写成伟岸、有力、干练、富有魅力。但在简·奥斯汀的《傲慢与偏见》中，这种形象被完全颠覆，取而代之的是一群愚蠢、虚伪、龌龊、品质恶劣的无能之辈。同样，张爱玲的《倾城之恋》中，男性要么善于阴谋诡计，要么就是不负责任的花花公子。通过塑造一群无能的男性形象，两位女性作家对父权制进行了无情的批判。同时，这也反映出两位女性作家的女性意识，那就是肯定女性的存在，强调女性的重要性，渴望女性获得自由。在《傲慢与偏见》中，简·奥斯汀颠覆了父亲的形象，贝内特先生作为丈夫和父亲都是失败的。作为丈夫，他以嘲笑自己的妻子为乐；作为父亲，他疏于教育和管教自己的女儿。当贝内特夫人听说附近的尼日斐花园被租出去的时候，她兴奋地跑来告诉贝内特先生，可贝内特先生却说："既是你要说给我听，我听听也无妨。"通过他的无视、冷漠，我们清楚地看到他对自己夫人的蔑视。当贝内特夫人想要去拜访他们时，他又说："你带着女儿们去就得啦，要不你干脆打发她们自己去，那或许倒更好些，因为你跟女儿们比起来，她们哪一个都不能胜过你的美貌，你去了，彬格莱先生倒可能挑中你呢？"贝内特先生对于妻子的无知不但不给予忠告，反以嘲笑她为乐。简·奥斯汀运用的讽刺，不但塑造了一个可笑的贝内特先生，更批判了父权制社会所推崇的男性形象。

除此之外，贝内特先生还嘲笑自己的女儿们："她们跟人家的姑娘一样，又傻，又无知；倒是丽萃要比她的几个姐妹伶俐些。"作为一个父亲，他从不把自己的爱和智慧用在教育和培养自己女儿上。他的嗜好就是在书房看报纸，在乡间悠闲地散步。同时，对于丽迪雅和维克汉姆的私奔，他也要负大部分责任。当丽迪雅听到弗斯脱团长的太太邀请她一块儿到麦里屯去时，他冷冷地说："丽迪雅非到公共场所之类的地方去出一出丑，是决不肯罢休的。她这次要去出丑，既不必花家里的钱，又用不着家里麻烦，真难得有这样的机会呢。"对于伊丽莎白的忠告，他不理不睬，反而和伊丽莎白开起玩笑来："这话怎么说，她把你们的爱人吓跑了不成？"这些不负责任的话，使一个不为自己女儿的将来考虑、丝毫不想为女儿操心的坏爸爸的形象跃然纸上。同时，伊丽莎白劝告父亲要严加管教丽迪雅的话语也显示出作者的女性主义思想，女性也可以和男性一样充满智慧。这一点上，女性的智慧超过了男性，女儿的作用超过了父亲。父亲变得丝毫没有责任心、冷漠，还有点愤世嫉俗。高尚的父亲形象正变得越来越渺小。

维克汉姆是另一个失败的男性人物。他外表英俊，品行败坏，骄傲自大，经常陷入债务。丽迪雅与她的姐姐们大相径庭，以和军官们打情骂俏为荣、为乐。因此，维克汉姆与丽迪雅真是一拍即合。两个人没有订婚便私奔了。私奔，在当时的英国乡村是非常有辱家门的事情。当他们被达西发现时，维克汉姆还没有要娶丽迪雅的想法。但当他听到达西将会给他一笔钱时，便立刻表示出兴趣。维克汉姆也是奥斯汀给女性们上的一课，教育她们要学会理性地去判断一个人的人品，冷静地观察他们的言行、举止。让我们听听弗斯脱上校对维克汉姆的评价吧，"他（维克汉姆）行事荒唐，又爱奢华，这件伤心的事发生以后，人们都传说他离开麦里屯的时候，还欠下了好多债"。这样的话语出自另一位男士的口中，显出浓重的讽刺意味，同时，将一个伪君子、骗子、赌徒的想象也刻画得入木三分。

柯林斯先生是这篇巨著当中解构的第三个男性形象。他是贝内特先生的一个远房亲戚。根据贝内特家族的规定，女性没有继承财产的权利。贝内特先生没有儿子，所以，当他去世之后，他的侄子柯林斯先生将继承他的全部财产。因此，贝内特夫人想把伊丽莎白嫁给他，从而使财产得以保留。当他向伊丽莎白求婚时，他道出了自己结婚的理由，又荒谬，又冗长无味。"第一，我理当给全教区树立一个婚姻的好榜样；第二（这一点或许我应该早提出来），我三生有幸，能够等候上这样高贵的一个女施主，她特别劝告我结婚，特别赞成我结婚。蒙她两次替我在这件事情上提出了意见（而且并不是我请教她的）"。婚姻是美好神圣的，是出于双方真挚的感情。可我们眼前的这位先生却把结婚的理由归于他的赞助人的建议。多么阿谀奉承，多么无能可笑，又多么荒谬无理。这无疑是简·奥斯汀的又一得力讽刺。是另一个失败的男性，一个男权形象的颠覆。

如果我们把简·奥斯汀解构的男性形象归结于人格不全，那么，我们就可以把张爱玲解构的男性形象归结于是颓废委靡。张爱玲试图通过弱化男性的力量，来解构父权制社会的存在，提升女性的地位。在旧中国，女性只是以女儿、妻子、母亲的身份活着，唯独没有自己。"女子无才便是德"、"三从四德"等等这些封建社会为女人设立的标准就是最好的证明。女人是男人的影子，不会有她们自己。女人的忍让会换来社会的宁静和家庭的和睦。张爱玲和她的作品就为那些认为自己只能靠男性生活的女性构建了一个她们梦想中的世界，没有各种繁文缛节、没有男人的命令，她们可以自由地呼吸、自由地做自己想要做的事情。

《倾城之恋》之中解构的第一个男性形象就是男主人公范柳原。他是一个英国富商的私生子。东方和西方的双重教育，独特的生活经历，使得他自己成了一个矛盾体。一方面，他看不起女性，认为她们都是脚底的泥土，却离不开女性，整日徘徊在风月场所；另一方面，他又受到东方"执子之手，与子偕老"观念深深影响，内心深处非常渴望真正有中国古典魅丽的女性。他的生活看似纸醉金迷，其实是为了掩盖自己的内心迷失。三十而立的年纪却成天游手好闲，赌博、喝酒样样都占全。

当流苏被徐太太劝说去香港时，范柳原殷勤地对待白流苏。白天里，陪伴流苏左右，逛遍大街小巷；深夜里，思想混乱、迷离的他还打电话给流苏，说"我爱你"。流苏明白他被自己吸引，可又不想负起责任，换句话说，范柳原意在求欢。猜到了他的心思，流苏决定赌一把，希望范柳原给她一纸婚约。在传统中国女性看来，一纸婚约比什么都来得实际。有了婚姻，就有了生活的保障。可这是一对非常精于算计的男女，白流苏试图和范柳原较劲，逼他就范，可范柳原呢，也明白流苏想要什么，可他就是不给，他也在内心想，"我们拉得战线越长，你就会越想成为我的情妇"。两个人彼此排斥，却又彼此吸引。范柳原喜欢白流苏的美丽、温婉，白流苏又希望嫁个富公子。通过这些情节，我们不难发现封建社会对女性灌输的"女奴思想"是多么根深蒂固。女性为了婚姻，心甘情愿被男性玩于股掌。女性的地位是多么卑微、尴尬、可悲。

接下来是白流苏的三哥和四哥，也就是三爷和四爷。两个人吃喝嫖赌样样沾，花光家底再骗财。他们把自己的妹妹看成是摇钱树，想尽所有办法把流苏离婚的赔偿骗个精光后，又试图联合自己的媳妇把流苏赶出家门。他们当中，一个负责想出恶毒的主意，另一个负责煽风点火，一唱一和，唱出封建社会男性的无能、卑鄙、龌龊和冷血。白流苏的钱被哥哥、嫂嫂骗了去，她现在是多余的人。两个哥哥还让流苏过继个侄子，声称是"就是拨你看守祠堂，也饿不死你母子"。从三爷、四爷的这个主意里，可以看出，以男性为中心的社会里，男性已经变得智力低下、道德败坏，跟从前那些光辉的男性已经形成了鲜明对比。而纵然如此，女性依然是弱势群体，是男性的附属，没有权利掌握自己的命运。三爷、四爷操纵着决定大权，掌管一切家庭事务，而白夫人、白流苏都只能听从。两个无能、腐败的男人，竟操纵着白府的所有事务，这也是张爱玲对男性和男权社会的讽刺。但白流苏面对家人的冷言冷语，表现出了她自己的前卫思想，那就是反抗不公正的待遇，捍卫自己作为女人的尊严，自己尽自己所能地去争取幸福，通过婚姻来摆脱这个无情无义的家庭。

面对三爷、四爷的无理提议，白流苏立刻坚决地回绝，"婚已离了这么七八年了。依你说，当初那些法律手续都是唬鬼不成"。虽然之后两个人贼心不死，白流苏也不折不扣地与他们理论，"你把我的钱都用光了，你就不怕我多心了"。这些都是流苏不屈服个性的真实体现。

流苏的理智、不屈不挠，都暗示着女性似乎已经超过了男性。同时，也反映出张爱玲的女性主义思想，折射出张爱玲内心的呐喊，对不公平社会的反抗，对女性自己掌握命运的渴望。白流苏一方面受到白府的传统教育，另一方面也受到西方新思想的影响，不会无条件地听从男性的安排，无条件地执行男性的决定。当三爷、四爷把她逼到极限，白流苏体现了更加激烈的女性主义思想及行动。她决定引诱介绍给妹妹宝络的男人——范柳原。尽管流苏心里也明白他是怎样的一个人，但她也要堵上一把，好"出尽胸中这口恶气"。顾不上宝络有多么恨她，流苏精心地打扮了一番，开始了一个人的战役。

简·奥斯汀和张爱玲都塑造了一系列形态各异的男性形象，不同于以往坚强、果敢、挺拔的男性形象，两位作家笔下的人物变得消极、昏庸、飘忽不定。这些形象塑造得是如此生动、引人入胜。他们要么扮演父权制社会中权利丧失的标志，要么成为了讽刺的对象。解构男权社会下的男性形象、批判男性对女性的压迫，也是两位作家的早期的女性主义思想的体现。通过男性角色的命运、个性、言语，两位作家都批判了腐朽的男权制社会，它正丧失越来越多的力量；而与此同时，女性的意识也在觉醒，有能力、干练、坚强的女性逐渐成为了一支不可忽视的力量! 伊丽莎白、白流苏都是自立、自尊、自强的典范。只要先肯定自己，拥有信心，任何女性都可以拥有自由、独立、充满希望的未来!

第六章　女性思想回顾

第一节　自由女性主义思想

自由女性主义（liberal feminism），又称自由主义女性主义、自由主义女权主义，主要产生于19世纪下半叶至20世纪20年代，源于女性主义运动的"第一次浪潮"，它是整个女性主义思想体系的基础，是女性主义运动的先驱，也是其他各派女性主义的起点。它以争取妇女选举权为标志，以男女平等及所有人都实现个体自由为最终目标。

自由女性主义的代表人物是18世纪的玛丽·沃斯通克拉夫特和19世纪的约翰·斯图尔特·穆勒。这两位先驱通过《女权辩》和《妇女的屈从地位》表达了为女性争取教育权利、男女平等等的基本思想和观点。

早期的自由女性主义思想从启蒙运动中的"理性"、"天赋人权"、"自由"、"平等"等理论出发，表达了男女同一性、男女平等的思想。在自由女性主义者看来，现实中男女的差异主要是由于教育和社会环境因素造成的。沃斯通克拉夫特认为，只有受到教育，并且是正规教育，并非"未来合格妻子培训班"这类的教育，女性才可能拥有批判的、独立的思维，继而，开启明智的思考，灵魂得以完善。另外，沃斯通克拉夫特相信工作，即经济独立所带来的尊严。女性应该从事各种专业工作，不能仅限于教堂事务。

19世纪的英国哲学家约翰·斯图尔特·穆勒指出，妇女受奴役的主要原因首先在于家庭中妇女的屈从地位，丈夫对妻子和孩子享有全部的所有权，妻子没有任何人权与自由。同时，对妇女的奴性教育造成了女性在精神和经济上的依赖性。

在20世纪的女性主义浪潮中，自由女性主义的理论得到进一步发展，贝蒂·弗里丹的《女性奥秘》一书在思想上引起了第二波女性运动。她着重分析妇女的社会、家庭角色，认为妻子和母亲的角色限制了女性人格的发展，她们没有参加家庭外的"创造性劳动"，塑造的只是快乐、满足、幸福的家庭主妇形象,使得妇女自幼便产生把自己的一生寄托于家庭和婚姻关系的意识,结果,使其智力得不到充分发展,从而使妇女处于第二性地位,无法和男性一样从事公共领域的活动。弗里丹鼓励女性进入公共领域,但她不提倡女性在实质上放弃家庭生活,而是在事业与家庭之间取得平衡,并主张以家务劳动社会化及男女共同承担家务来减轻妇女的家务负担。

自由女性主义将男女不平等的根源归结为法律没有赋予女性和男性平等的权利,因此,自由女性主义最为关注的是改良现行的法律,他们接受自由主义法学的核心观念,主张自由的价值应平等地适用于女性,并争取女性在法律上的形式平等,即要求赋予女性和男性平等的各项法律权利。为了实现自由女性主义法学所追求的平等,他们主要致力于对现有法律进行改良的战略。

从18世纪到20世纪,自由女性主义一直为妇女取得各种权利,他们将其批判力量直接指向国家的社会政治生活,相信女性的价值能够在公共领域得到充分展现,鼓励女性进入社会公共领域,要求女性的平等自由权,其中主要是三项平等,即经济平等、政治平等和职业平等,并为女性的选举权而斗争。他们为消除歧视妇女的法律不断和社会习惯进行斗争,如争取选举权、个人财产权、受教育权及平等的工作机会权利等。

总而言之,自由女性主义者都是改良派,他们致力于改良法律,消除妇女在公共领域中所面临的无法与男子享有同等待遇的法律障碍。他们的假定是,只需通过要求法律上的平等对待即可逐个地纠正妇女遭受的不利。

自由女性主义思想仍然有缺陷。首先,参照以男性标准制定的法律,但对法律制度本身却未加质疑,自由女性主义法学批判的对象不是法律本身,而是那些排斥女性或伤害女性的法律规定,其努力至多只能称为法律改良而非改革。

其次,自由女性主义法学将男女平等理解为使男女一样,没有考虑到女性自身的独特性,因此,自由女性主义法学主张的平等实际上是以男性为标准的平等,忽视了女性的特别需求和女性品质所特有的价值,造成女性异化。

第三,自由女性主义思想源于白人中产阶级女性,因此,自由女性主义仅仅代表一部分妇女说话,它所争取的受教育权、就业权、选举权、参政权等并不适用于黑人女性,因为黑人女性主义者所关注的不仅是妇女在公共领域内的权利问题,而且包括如私刑和种族隔离法令等种族主义争端。

在第一次和第二次女性运动浪潮中间,还有一位女性主义者,那就是法国杰出的哲学家波伏娃——那个时代女性主义的最强音。1949年，波伏娃出版了具有历史意义的《第二性》，它后来被称为划时代的女性主义的圣经。波伏娃在《第二性》中，不但论述了"女性"的处境，还提出了"他者"和"他者性"的问题。

波伏娃最为人知的一句话就是，一个人并非生下来就是女人，而是变成女人的。而在所有的原因中，女性的生育能力是女性受奴役的根本原因。她这样说道，"母性毕竟是使女性成为奴隶的最有技巧的方法。我不是说每一个做母亲的女性都自动成为奴隶——可以有某些生存方式使母性不等于奴役，但现代的母性仍然万变不离其宗。只要人们仍然认为女性的主要工作便是养育小孩，女性便不会投身政治、科技。进一步说，她们便不会怀疑男人的优越性。……我们几乎不可能告诉女性洗碗盘是她们的神圣任务，于是告诉她们养育孩子是她们的神圣任务"。由此可见，波伏娃认为女性之所以不能像男性一样投身事业，根本原因就是自身的繁衍种族的能力。

那么，女性如何才可以获得解放呢，在这点上，波伏娃鼓励女性通过个人的努力获得成功，即个人因素大于社会因素。她认为，女性首先必须获得经济独立，有一份可以让自己满足温饱的工作；第二，女性必须获得教育，拥有独立、冷静、客观的思想；第三，参加社会改造，以便最终解决主体与客体、自我与他人的冲突。

美国自由女性主义的代表作是弗里丹于19世纪末，即女性运动第二次浪潮兴起之前所著的《女性的神话》，这部著作成为女性运动第二次浪潮兴起之时对当时女性心中所想的事情的最杰出的表达。

这本书的精华就是，拒绝家庭主妇的形象！弗里丹在书中提出，20世纪20~30年代的美国女性是生气勃勃的，大量的男性涌上战场，使女性暂时获得了工作的机会和自我认知、自我完善、自我超越的机会，但战后，女性却沉湎于舒适的家庭生活，不再到社会上去干事业。再加上20世纪40年代的美国舆论鼓吹完美女性应该完全回归家庭，追求自己事业和跟随自己内心渴望的都是愚蠢的女性，这样的追求会使家庭破裂，女性男性化。社会的这种大风气使得女性运动出现短暂回潮，针对这种想法，弗里丹辛辣地指出："女性们花了半个世纪为权利而战，在下半个世纪却又对自己是否真正需要这些权利产生了怀疑。"弗里丹强烈地批评了战后女性渴望找到"理想型丈夫"，然后凭借丈夫过上好日子，生育几个儿女，住一个大房子的所谓的"完美生活"。弗里丹指出，女性凭自己的力量是可以获得事业和婚姻的双重成功的。

第二节　激进女性主义思想

激进女性主义（radical feminism），又称基进女性主义、激进女权主义，出现在自由女性主义之后，是女性主义的一个派别。其最基本的观点是：女性所受的压迫是剥削形式中最深刻的，且是其他各种压迫的基础，因此激进女性主义试图找出使妇女摆脱这种压迫的方式。

激进女性主义的许多思想并不是过去没有人提出过，但是直到20世纪60年代，它才发展成一种系统的自我认定的理论。激进女性主义最主要的理论建树是男权制理论。激进女性主义坚持认为，自己独立创造了男权制理论，并宣称自己一派的理论丝毫没受男权制的影响。

凯特·米利特最早通过自己的著作《性政治》提出了"男权制"这一概念，后来女性主义理论开始大量使用"男权制"这一概念，这一词语原来指的是由父亲做家长的机制，米利特为它加入了新的含义，即第一，男性统治女性；第二，男性长辈统治晚辈。从20世纪60年代开始，这一概念被定义为男尊女卑的系统化机制。

激进女性主义思想的产生和美国的新左派运动有着密不可分的关系。20世纪50年代末期到60年代，麦卡锡政府的打击自由人格政治运动，使得新思想迅速枯萎，人们变得越来越没有思想导向，精神空虚。其次，战后美国繁荣的经济加剧了贫富差距，美国虽然经历了"废奴运动"，但是对黑人的歧视依然存在，而且非常严重。这些因素促成了新左派运动，即一场黑人维护自己人权的运动的爆发。

1955年12月，蒙哥马利州的一位黑人女缝纫工罗莎·帕克斯对自己所受到的不公正待遇发出了大声呐喊，在她的影响下，整个蒙哥马利发起了公车抵制运动。通过这次的抵制运动，大量的黑人明白了种族制度是可以推翻的，黑人的权益需要靠黑人自己的双手来创造。于是，大量的黑人青年不断地投入到这场运动中来，通过黑人青年学生的"学生非暴力协调委员会"，即SNCC组织，大量的黑人学生、黑人群众展开了一系列的要求消除种族歧视的运动，从静坐反对公共场所如百货商店、连锁店等盛行的种族歧视行为到发起"自由乘客"（组织黑人、白人学生一起乘坐州际间的长途车）向州际公共交通设施方面的种族隔离现象挑战；从帮助南方黑人了解选民登记工作，增强他们的参政意识，到组建密西西比州自由民主党，向全国民主党大会发出呼吁，要求政治上的平等权利等，黑人青年在罗莎的鼓舞下，通过各种各样的手段和方法争取自己的权益，获得尊重。

"学生非暴力协调委员会"，即SNCC对新左派运动的影响是很大的，这表明社会平等和自由是可以存在的，青年男女完全可以创造新的、民主的、平等的社会。此外，大量的社会人员，包括女性，通过参与这次运动，探触到了自由思想的灵魂，这些新左派人士既摒弃各种各样的自由主义和社会民主改良主义，又拒绝斯大林主义和马克思的历史唯物主义；既反对美国政府、军事、工业联合体的控制，又不赞成苏联共产党庞大统治机构的官僚主义，在否定了那么多"主义"之后，提出了"资本主义是种族主义、帝国主义、贫困和剥削的根源"，对民权运动和反战运动做出了巨大贡献。其次，新左派把美国资本主义和帝国主义的本质放在世界范围内考察，提出把消灭贫困、根除种族歧视的斗争与第三世界人民的民族解放运动联系起来，这都是非常先进的观点。

受1960年末至1970年初的美国纽约及波士顿等地的新左派运动影响，激进女性主义思想开始萌芽，并且伴随着全美的黑人自由运动，乃至全世界的女性解放运动，踏上历史舞台。最早的激进女性主义思想起源于新左派运动阵营中的女性，她们不满其在运动中遭受与男性成员不平等的待遇，因而与之分道扬镳；另一部分则来自于全美妇女组织（NOW）中对该组织保守作风不满的女性。其所用的名称"基进"（radical），一方面表达出妇女的压迫是其他压迫根基的主张；另一方面则表现出她们较自由女性主义更具革命性、进步性。

新左派认为，资本主义经济制度并不是男权制的唯一源头，在所有的经济制度下，女性地位都是低下的，无论社会主义社会还是资本主义社会。他们关注女性地位低于男性的问题，关注男权制的深层结构。他们认为，只有消灭男权制才能达到女性运动的目标。在男权制结构内部提高女性地位只会延续统治制度和不平等。

激进女性主义试图找到女性在所有的社会都处于从属地位的原因。从迫害女巫到中国女性的裹小脚，从非洲至今仍然存在的女性受割礼（阴部环切术），到广告中鼓吹的终日以打扫家、养育孩子和照顾丈夫为自己终生事业的标准女性形象，所有的这些，都是男性占主导的社会对女性的管理、约束和控制，不仅仅是身体和生活环境，更是精神层面和心理世界。

激进女性主义者因此提出了整个女性群体"殖民化"的问题，这一理论的主要假设是女性受到男权制社会制度的压迫，这是最基本的压迫机制。其他形式的压迫，如种族主义、健全主义、异性恋霸权主义及阶级压迫，全都与性别的压迫有关。他们中的有些人甚至创造出性别阶级这一概念。他们认为，男性是与女性极为不同的一种人，是一种富于攻击性的邪恶的人，男性迄今为止一直在统治、压迫、剥削和残害女性。

激进女性主义指出，女性是历史上最早受到压迫的群体；其次，女性受压迫是最普遍的现象，存在于一切已知的社会之中；第三，女性所受压迫最深，这种压迫形式又最难根除，依靠消灭阶级社会之类的社会变革也不能将其除掉。

激进女性主义认为女性是一个阶级，男性是另一个阶级。他们激烈而鲜明地反对男权制社会，通过宣传示威活动，建立女性空间和女性文化。他们的基本观点是：个人问题就是政治问题，即个人经济上的不平等地位不是个人原因，是社会不公；阶级压迫的根源是男权制；男女有本质不同；社会必须彻底改变；等级制必须消灭。

激进女性主义者认为现行的社会体制是性别阶级体制，消除不平等的方式就是要破坏性别角色的分工。一些激进女性主义者甚至将女性的低下地位归咎于生理结构，认为女性的身体是自然界的畸形创造，这一生理结构导致女性以为自己应当去做那些屈从于男性统治的事情，诸如生育、带孩子、性交等。既然女性受到压迫的现象各个社会模式都存在，那么女性受压迫的原因就不是由阶级导致，而是由生理原因导致的，其中最主要的一个原因是女性的生育。只有通过如避孕技术、试管婴儿、人工授精及无性繁殖这类科学技术的进步把女性从生育这一压迫她们的生理功能下解放出来，女性的处境才会有实质性的改善。

舒拉米斯·费尔史东认为，女性依从地位的根源在于人类生物学的某些永存的事实，那就是婴儿的成熟期很长，这便决定了婴儿要有很长一段时间依赖于成人，特别是要依赖母奶才能生存；与此同时，生育使女性的体质变弱，使她们要依靠男人才能生存。由这一逻辑推演下去，费尔史东得到了如下的结论：女性解放要靠"生物革命"和与此有关的一系列技术进步，这一革命不仅要使婴儿的养育脱离人奶，而且要使生育过程脱离子宫，这样才能真正消除女性对男人的体力的依赖，而这一依赖恰恰是女性依从地位的生理基础。

20世纪70年代，激进女性主义者的观点变得更加极端，开始把女性的地位低下归因从女性的生理状态，转变为谴责男性的生理状态，从而走向另一极端，鼓吹排斥男性，把男性侵犯女性的倾向看做是与生俱来的，把男人当做敌人。在第四次世界女性大会上，一位女性高声问与会女性："谁是我们的敌人？"大家齐声回答："男人！"

不仅是激进女性主义这样看，就连萨特都认为女性运动是一场所有女人针对所有男人的斗争，他曾说过："迄今为止，阶级斗争是由一部分男人针对另一部分男人而展开的。它本质上是男人之间的一种关系，一种与权力或经济相联系的关系。而男人与女人的关系却是非常不同的。……我认为，女性斗争不是从阶级斗争中引申出来的……我甚至可以这样说，大多数女性还没有意识到这一点，即这是一场所有女人针对所有男人的斗争，而每一个女性只要通过加入这场运动，使它成为规模更大的斗争，她们就能从中获得益处。"

在批判男权制度的同时，激进女性主义者也试图找出理想的性别角色。在20世纪70年代早期，由于认为性别制度是压迫的来源，因此不少人主张以中性，即"男女同体"的文化来取代原本的两极区分的两性，在理想的社会中，男女之间应该是没有差别的。但这种男女同体的主张，在20世纪70年代后期开始受到批判，许多激进女性主义者不认为期望男女都成为"中性"是能解决性别压迫问题的方式，他们认为女性有其自身优越于男性的特质，因此要解决压迫问题就要将女性和男性分离，他们致力于创造妇女的空间、保护受害妇女，并发展妇女自身的文化。

基于上述观点，激进女性主义致力于下列工作：为被强奸女性设立救助中心；为受暴女性提供庇护所。他们最活跃的方面在和平、生态、生育权利、反对淫秽色情品及同性恋权利运动等。他们为运动所制定的目标是：摧毁男性对女性的统治机制，代之以赋权机制。

激进女性主义的主要缺点是，它没有能够解释生理性别是如何变成社会性别的。如果将男性压迫女性的原因归结为生理上有问题，是生理原因使男性变得残忍，那么就很难认为这种压迫关系是能够改变的。此外，激进女性主义被批评为具有种族中心主义的缺点。

第三节 马克思主义女性主义思想

马克思主义女性主义（Marxist feminism），又称马克思女性主义、马克思主义女权主义，可分为两个发展阶段，即早期的马克思主义女性主义和后期的马克思主义女性主义。

随着女性主义理论的研究深入,传统的女性主义如自由女性主义(泛泛地要求男女在政治上平等)和激进女性主义(以激进的形式要求男女在性别上平等)渐渐地被学者们或认为在理论上空泛,或认为在实践中不适时宜。为了进一步有效地发展女性主义的理论,一些学者不得不寻求新的理论基源,以图科学地建造新的女性主义理论大厦。一些女性主义者对马克思主义的重视,就是因这种情势而导致的。

玛格莉特·苯斯顿、达娜·库斯塔等认为,资本主义的建立和发展并非仅因所谓工人阶级的公共的"家外劳动",即市场劳动,同时也包含仅属妇女的、私人的"家内劳动"。然而,这种劳动向来不被那些正统的马克思主义政治学家们所重视。

在对妇女问题的研究上,传统的观点认为男女间的不平等是历史、社会发展及男女生理方面不同的产物。早期的马克思主义女性主义者对此观点提出了强烈反对,他们认为,"决定两性间的分工的原因,是同决定妇女社会地位的原因完全不同的。有些民族的妇女所做的工作比我们所设想的要多得多,这些民族常常对妇女怀着比我们欧洲人更多的真正尊敬。外表上受尊敬的、脱离一切实际劳动的文明时代的贵妇人,比起野蛮时代辛苦劳动的妇女来,其社会地位是无比低下的"。[①]而且,在发达的资本主义国家里,为什么这种不平等又表现得如此突出? 他们认为,问题的症结集中于依据性别而实施的劳动划分。

依据他们的政治经济学理论,资本主义包含两种不同性质的生产,即商品生产和家务生产,或者说,付工资性的生产和不付工资性的生产、有交换价值的生产和仅有使用价值的生产。这后一种生产虽然不像"普通商品"那样在市场上自由交换,但它是有用的、必需的,而且在资本主义的社会性生产中,它为创造利润、资本积累起着最本质的作用。然而,在以货币决定价值的社会里,由于这种劳动只表现于"家内",无法成为商品在市场上进行"自由交换",其结果,它只能使生产者的价值"暗藏",以致使生产者的身份低下。因此,在这些女性主义者看来,在资本主义社会中,妇女之所以受到男人的压迫和剥削,其主要原因并不是生理的、文化的或意识形态的,而是经济的,是妇女的家务劳动向来不被社会有实效性地认可。

有意义的是,对早期的马克思主义的女性主义者来说,他们中的大多数在讨论妇女问题时并不注重分析妇女与男人间存在的冲突,而只认为妇女问题虽与男人有关,但那是第二位的。压制妇女的不是男人,而是特有的社会制度造就的"家内"与"家外"劳动的对

---

① 恩格斯:《家庭、私有制和国家的起源》,第46页。

立，家庭限制了妇女的能力发挥。因此，他们相信去除这种弊端的方法或者是家务劳动必须社会化（玛格莉特·苯斯顿），或者是家务劳动必须工资化（达娜·库斯塔）。唯有如此，才可能真正地解决妇女在资本主义社会中有关性别方面的不平等。他们的如此观点被学术界称之为"家务政治经济学"。

综上所述，在理论上，早期的马克思主义女性主义认为，第一，妇女的家务劳动是一种直接贡献于资本主义经济发展的活动。妇女在家庭里的劳动应被理解是一种经济性的资本生产。第二，没有妇女的家庭劳动，资本主义生产的利润不可能产生，资本主义也不可能建立。第三点是基于第一和第二两点的分析所形成的结论，即在资本主义社会里妇女之所以在劳动市场竞争中处于劣势地位，是因为妇女长时间地缠入那种看不见的被男人同时也包括妇女在内都认为是天经地义的、不被社会认可的无工资的家务劳动。

随着资本主义的成熟，大量的妇女像男人一样进入了劳动市场，那么，在如此性质的资本主义社会里，为什么妇女的首要职责仍是家务劳动？难道仅因妇女自身在生理方面的虚弱？或者仅因是男人的私有财产？因此，所谓因自然性别而进行的劳动划分或者所谓"天经地义"的必然结果，其观点除了在理论上偏颇之外，在实践上也不能有益于妇女的真正解放。于是，他们要寻求新的关于女性主义的解释。

后期的马克思主义女性主义在学科知识上是多元性的，就是说，信仰这种学说的学者来自不同的学术领域，如社会学的、经济学的、人类文化学的、教育学的等等。加之这一学派的代表人物众多，范围上又几乎遍布整个西方世界，这必然导致此学派内部在观点上的不可能完全统一。但总体上，这一学派的学者都认为，早期的马克思主义女性主义理论过于限制于资本主义社会的经济因素自身，而忽视父权与资本主义社会结合后的作用。

后期的马克思主义女性主义强调，这种结合不是机械地两者相加，而是辩证的统一，最终构成一个完整的理论体系。具体地说，这种理论体系包括两个方面的内容：其一，他们同意早期马克思主义女性主义关于资本主义社会特有的政治、经济对妇女问题影响的分析，相信由于直接贡献于资本主义经济发展的"家务劳动"不被社会认可，属于无交换价值因而属于无工资性质的劳动，这在一定程度上发现了妇女在资本主义社会受剥削的原因。但他们坚持这不是终极原因。

其二，他们从激进女性主义那里接过一些观点。激进女性主义的主要观点是：妇女地位低下和受压迫不是如一些正统的马克思主义者所说的那样，由经济决定的，而是男女关系间的父权结构影响的。依据正统的马克思主义，父权制依赖于国家和阶级关系的发展，是私有财产出现的必然结果，从而导致了"女性的具有世界历史意义的失败"①。但这种论断对激进女性主义来说是偏颇的，原因是他们缺少对父权进行分析。激进女性主义者认为，马克思主义并没有系统论及父权的结构。在妇女问题上，忽视了父权如何自发地对妇女压迫的分析。但他们从马、恩在《共产党宣言》里的有关对阶级和阶级斗争的论述得到启发，认为父权是阶级关系的一种功能，是男女性别之间冲突的特殊产物。具体于社会现实，它是一整套能使男人控制妇女的权力关系。这种权力按男人在社会中不同阶层的等级划分来剥削妇女。这也是为什么在历史上不同的社会里男人要统治和可以统治妇女的原因。他们说明，男人行使父权有的是有意识的，但有的则是无意识的。然而总地来说，男人作为与妇女对立的社会集体对妇女的统治是统一的。

正是基于对其一和其二的综合，后期的马克思主义女性主义者形成了他们关于妇女问题的学说。依据这种学说，资本主义的产生和发展依赖着父权性的劳动划分，而资本主义又强化了父权的发展。在这种性质的私有制社会里，工人阶级的男人和妇女固然都受着同样性质的剥削，但两者所受的压迫和剥削是不同的。男人虽然是工资的奴隶，但在家中是当然的"老板"，直接对妇女（妻子）的劳动进行控制。因此，妇女是工资的奴隶的奴隶。家庭固然有益于工人阶级的男女两性，但同时更有益于"保护妇女身份的永远低下"。基于如此分析，他们相信，导致妇女受压迫、受剥削的根本原因是资本主义和父权的结合，或者用他们的术语来表述，是一种"父权的资本主义"或者"资本主义的父权"的必然结果。

"父权的资本主义"对妇女的影响主要有：第一，父权是一种社会、历史自然而然的发展结果。文明是私有制的别名，也是父权的别名。从私有制社会发展的轨迹看，男人在社会中的权力是从集体的男人（部落）向个人的男人（家庭）转化发展的。伴随着私有制社会的延伸，男人渐渐地视妇女如同家中财产的动植物、生产工具一般。因此，如果说，资本主义是人类私有制发展的极致阶段，那么，父权性质的发展也是如此，它不仅仅是奴隶、封建社会的特有产物，在资本主义社会中，它不只是存在，而且发展更完全、更充分，尽管这种发展是自发性的、无意识的。

第二，妇女在经济上对父权做出了贡献，但获取的是"暗藏"的受剥削。在资本主义发展时期，如18世纪，妇女的劳动总是作为家庭的一部分。但随着资本主义的发展、成熟，

---

① 恩格斯：《家庭、私有制和国家的起源》，第54页。

妇女和儿童渐渐地从市场退出。男人的工资被假定等于这个工人家庭的商品消费（再生产他的劳动力），可以让妇女留在家里，使其在家中生产和再生产劳动力。于是，妇女的劳动因非工资性质不仅在客观上完全地贡献于父权性的社会，而且掩盖了她们自身所受的压迫。例如，妇女不可能像男人那样进入劳动市场，自由地出卖自己的劳动力，因为她归丈夫所有。诚然，在美国的1850—1950年期间，妇女可以从丈夫那里得到"做家务辛苦费"、"零用钱"等，但一切只是一种恩赐、一种随意的奖赏。

第三，家庭和市场劳动的辩证关系影响了妇女能力的表现和发展。在资本主义社会，工业的发展不是削减而是加大了家庭劳动和市场劳动的分离。这一切并不仅仅是资本主义的结果，也包含了统治阶级和工人阶级不自觉地联盟了父权，执行了在生产劳动方面由来已久的性别划分。在工业化前期，妇女和儿童进入了工厂，而那时的男子都在务农，那时妇女的地位并不低于男子。但当男子也进入劳动市场，工资假定被认为是劳动价值的等价物时，男女间的地位在性质上发生了变化：男的也做家务，也在外工作，但历史原因使男人是家主；女的虽也肩负"双重角色"，但不是家主。随着资本主义的进一步发展，不是家主的妇女渐渐地处于从属性的地位，并把家务劳动视为当然的终生生活。于是，家庭的生活经验、意识影响了她们的家外（市场）劳动，而家外（市场）劳动又同时影响了她们家内劳动的合理性。[①]

第四，父权和资本主义相互作用之关系使妇女成为"奴隶的奴隶"。在资本主义社会里，当一个养家的男人自由地出卖自己劳动力的时候，他"合理合法地"要求一个妇女在为他的"自由出卖"而劳动，使他有可能走向市场进行竞争，这自然加速资本主义的发展。另一方面，由于资本主义的加速发展必然带来更强烈竞争，这又必然要求男人更应如此行事——更自由地出卖和更好地出卖自己；妇女更无抱怨地不仅为她的男人而劳动，而且为发展资本主义进行劳动力的再生产（后代）。于是，父权和资本主义的有机结合"合理合法地"为妇女安排了在性别上不平等的命运：相对于统治阶级的男人，工人阶级的男人受到他们的压迫和剥削；但相对于工人阶级的妇女，工人阶级的男人在政治和经济上又大大优越于她们。

总之，后期的马克思主义女性主义者认为：仅仅像那些早期的马克思主义女性主义者那样，只注重马、恩关于劳动划分的社会性，而无视对"家内"与"家外"劳动的关系分

---

① H.I.Harmann：*The Unhappy Marriage of Marxism*，58。

析是偏颇的。但如像激进女性主义者那样，只强调男女间在性别方面的冲突也是片面的。正确的结论只能来自很好地理解"家庭和市场、父权与资本主义"是一种怎样的辩证的关系，以及这种关系是如何影响着妇女问题。唯有如此，妇女在资本主义社会里受压迫、受剥削的现状才可能有效地得以改变。

第四节　社会主义女性主义思想

社会主义女性主义（socialist feminism），又称社会主义女权主义，是女性主义的重要流派之一，约发展于20世纪70年代，它深受马克思主义影响，但又不满马克思主义无法解答"妇女问题"及性别盲的现象，因此企图发展一种政治理论与实践方式，融合各流派女性主义的理念，使长久以来多种歧异声音的女性主义流派或有机会达成和谐。

社会主义女性主义和激进女性主义一样，认为古老的政治理论如自由主义或马克思主义都无法充分解释妇女受压迫的原因，而在发展新的政治经济理论时，除了受马克思主义、激进女性主义及心理分析女性主义影响外，也对这些理论有所批判。

马克思主义女性主义与社会主义女性主义有相似之处。社会主义女性主义反对马克思主义的性别盲点和早期激进女性主义的阶级盲点，将马克思主义与激进女性主义结合起来。它的两个目标是马克思主义的消灭阶级压迫和激进女性主义的消灭性别压迫。它同样看重物质和经济力量，但是除了阶级和种族压迫之外，还关注男权制，主张消灭私有制以改变种族、阶级和性别关系，关注家庭，改变性别的劳动分工，要求父亲分担家务。

马克思主义女性主义在分析男权制社会机制的运作规律时，刻意模仿马克思主义对资本主义社会机制的分析方法，只是以女性的生殖概念代替马克思主义分析中的生产概念、用性别阶级代替社会阶级、用对女性身体的所有权代替控制权，目标是消灭男性的阶级特权与性别特权。

社会主义女性主义的理论基础是历史唯物论，认为"物质生活塑造人的意识"、"经济制度决定上层建筑"，强调资产阶级对无产阶级的阶级压迫，看重物质和经济力量。社会主义女性主义关注男女不平等的经济原因和资本主义问题。社会主义女性主义认为，必须改变整个社会结构真正的性别平等才有可能。

恩格斯的《家庭、私有制和国家的起源》是社会主义女性主义常常引用的经典著作。社会主义女性主义认为，女性受压迫的根源是私有财产制度这一经济秩序的社会组织，女性是资本主义社会中的劳动后备军。它主张女性主义与阶级斗争相结合。由于女性在男权制下受到的压迫和剥削来自私有财产制，改变资本主义和男权制体系这两个制度的一方，就会导致另一方的改变。

社会主义女性主义认为，把"阶级"仅用来区分与生产资料有关的不同社会群体过于狭窄，女性也是一个阶级；它试图用"异化"的概念来解释女性受压迫的现实，并认为使女性摆脱压迫的道路就是克服女性的异化和消除劳动的性别分工；它的最终目标是使社会上男女阶级的划分归于消失；它解放女性的战略是性别特性的变革和生育的变革。因此，社会主义女性主义从根本上说是反对强调男女两性区别的。它主张不应当有一个独立于全体政治之外的女性主义政治，并认为独立的女性主义政治必定是一种错误的普遍概括。它更反对女同性恋的分离主义，认为这种分离主义的基础是男女两性的生理区别。

社会主义女性主义在平等与公正的争论中是站在平等一边的，它认为女性在生活的一切方面系统地处于不利地位，这不是个人能力的原因造成的，而是历史和社会的原因造成的。因此，要改变女性的不利地位也不能仅仅靠个人的努力和所谓"公平竞争"，而是要为女性争取特别的保护性立法，以及各种救助弱势群体的特殊措施，以此争得同男子平等的地位。社会主义女性主义的一个主要现实斗争要求就是男女同工同酬。

在许多欧洲国家，19世纪末的女性主义主流思潮同社会主义思潮有巨大的区别：前者只是在现存的体制中要求两性平等的政治法律权利，后者则主张阶级斗争和革命。但是，在英美两国，女性主义与社会主义往往结合在一起，将女性主义建立在社会公平的要求上面，而不是单纯建立在对男权社会的分析之上。社会主义女性主义主张将女性主义的斗争融入反对资本主义的斗争，其主要理论依据是：当今世界上男人控制女人的状况，加强了资本主义对社会的控制力量。如果抛开女性主义，对资本主义和男权的斗争都不可能成功。总之，他们非常强调同阶级压迫展开斗争。

在美国，社会主义运动中的男女同志原本是协调一致的，从20世纪30年代开始，一些党内高层领导中的女性提出应当重视女性问题，她们的提法是：要反对阶级统治秩序之下的男性统治。她们批评党内的一些男性成员是性别主义的、歧视女性的，总认为女性问题是琐碎的、提不上议事日程的。她们的观点使党内的男性成员开始重新检讨自己思想中的性别主义偏差。

　　社会主义女性主义认为, 在资本主义社会中, 四种结构——生产、生殖、性和儿童教化——在家庭中结合在一起, 相互依存, 是女性受压迫的物质基础。只有推翻资本主义制度, 并且将男权制的心理加以转变, 才能使女性得到真正的解放。

　　朱丽叶·米切尔是社会主义女性主义的最重要的代表人物之一。1966年, 她发表的《女性, 最漫长的革命》成为女性运动的一部纲领性文献。她在书中提出, 女性的被剥削、被压迫是通过四个领域来进行的, 那就是生产、生殖、性和儿童的社会教化; 她认为这四大压迫结构既是相对独立又是相互依存的; 她还主张分析和汲取弗洛伊德心理分析理论的有益成分, 为女性主义所用。

　　1969年, 加拿大女性主义理论家本斯通和莫顿发表了一个重要观点。她们是从揭示资本主义社会中女性处于从属地位的根源这一问题出发提出她们的观点的。她们认为, 这种根源具有"经济"或"物质"性质, 可以归因于女性无偿的家务劳动。苏联经济学家沃格尔曾经说过: "女性的经济活动包括缝补浆洗、做饭育儿, 可这些劳动的产品和劳务被直接消费掉了, 从未进入过市场, 因此这些产品和劳务只有使用价值, 没有交换价值。"

　　社会主义女性主义认为, 像激进女性主义者那样做性别的分类是不恰当的。虽然他们赞同激进女性主义将私人与公众领域的划分、生殖与生产领域的划分都看做是男权制的结构。但是他们的结论不是像激进女性主义者那样去重新评价私人和生殖领域, 为其赋予较高的价值, 而是强调公众和私人这两大领域之间的不可分割性。他们的政治要求是: 第一, 工业的结构应当向生产和生殖的劳动者倾斜; 第二, 要满足大多数人的基本需求, 而不是去满足少数人的奢侈欲望。

　　社会主义女性主义对恩格斯的观点也并非全盘接受, 而是提出了不少疑问。例如, 他们当中有人提出, 恩格斯的关于家庭发展的几个形态普遍适用的观点不可信; 其次, 他关于原初社会普遍存在过性别平等现象的观点不可信; 最后, 他关于最早拥有私有财产的是男性的论断不太可信。他们争辩说, 在原初社会, 女人是种植者, 是提供生存资料和生产出最初的剩余产品的人。如果说男人是这些财富的最初占有者, 那么性别压迫必定在阶级社会形成之前就存在了。

　　社会主义女性主义最关注的问题有: 女性参加社会劳动的问题、家内劳动不被当做工作的问题、女性的劳动报酬低于男性的问题。并且认为要想解决这些问题, 达到男女平等, 都要通过推翻资本主义、建立社会主义才能实现。

　　社会主义女性主义的大本营主要是在英国, 在那里, 脱离了反对资本主义的斗争而被单独提出的女性问题被视为非问题，或者是阶级斗争的有害偏离。

社会主义女性主义将男性的主要领域定义为生产，而将女性的主要领域定义为生殖是错误的。由于这样的理论前提，社会主义女性主义就把女性的位置固定在私领域之中，而把公领域仅仅限定为男性的领域。这不仅在理论上是错误的，而且在实践中对女性也很不利。

第五节　社会性别女性主义思想

社会性别女性主义者认为，对于男人的男性气质和女人的女性气质，或许可以从生物学、心理学或文化方面来解释。他们认为，传统上和妇女相联系的品质，如温和、谦逊、恭谨等，都在道德上高于那些传统上和男性相联系的品质，如意志力、雄心、勇气等。基于如此的类别划分，社会性别女性主义者的结论是，妇女应该坚持她们的女性气质，而男人至少应该抛弃他们的男性气质中那些最极端的形式。他们说，一个新的、女性的关怀伦理学应该取代旧的、男性的公正伦理学。

社会性别女性主义者强调儿童在某个特定方面的发展，即男孩和女孩道德心理的发展。根据社会性别女性主义者的观点，在成长为男人和女人的过程中，男孩和女孩习得了带有特定性别的价值和美德，这些价值和美德首先反映了男人生命中独立的重要性和妇女生命中联系的重要性。其次，在父权制社会，这些价值和美德赋予男人权利同时剥夺女人权利。因此，可以提出的一个问题是，如果妇女采用男性的价值和美德、男人采用女性的价值和美德，或者每个人都将男性价值美德与女性价值美德相结合，如果这样的话，对妇女解放是否最有利？如果对这个关键问题的回答是，男人和女人应该共有一种道德，而这种道德应该包括女性美德价值和男性美德价值的平等融合，那么，将由谁来在男孩和女孩中进行这种道德教育呢？双亲抚育制度是在一切方面，包括道德实践方面达到性别平等的最好手段吗？或者说社会性别女性主义者应该提出别的方式来达到这一有价值的目标吗？

哈佛大学的劳伦斯·科尔伯格把道德的发展过程分为六个阶段，儿童必须经由这个过程才能成为能够完全承担道德责任的人，并且，这个过程是可以测量。

这六个阶段分别是：惩罚与顺从取向阶段、工具性的相对主义取向阶段、人际关系协调阶段、"法律与秩序"取向阶段、社会契约法律取向阶段、普遍的伦理原则取向阶段。

在第一个惩罚与顺从取向阶段，要避免惩罚的"大棒"或者接受奖赏的"胡萝卜"，儿童按照被告知的选择那样做。在第二阶段，基于有限的互惠原则，儿童既做可以满足自己需要的事情，也做可以满足他人需要的事情。在第三阶段，基于孩子渴望得到他人认可和表扬的心理和青春期少男少女服从流行的道德观念，孩子会做一些受人认可的事情。在第四阶段，年轻人开始承担他或她的责任，表现出对权威的尊重，为既定的社会秩序本身而维护它。在第五阶段，成年男女可以做自己想做的事，只要在这个过程中不伤害他人。在第六阶段，成年男女采取本质上康德式的道德观（康德认为，一个行为是否符合道德规范并不取决于行为的后果，而是采取该行为的动机；一个人只有遵守道德法则时，才是自由的，因为这个人遵守的是自己制定的道德准则，而如果只是因为自己想做而做，则没有自由可言，你就成为各种事物的奴隶），成年男女在这个阶段不再被自我利害、他人意见或道德法规的力量所控制，而是通过自我规范、自我恪守如正义、互惠、尊重个人尊严等普遍原则，来支配自己的行动。

另一位哈佛大学心理学的教授卡罗尔·吉利根不赞同科尔伯格的六阶段论衡量尺度，她认为建构的标准是用来衡量男人的道德思考方法的，因此，科尔伯格的衡量尺度听不到妇女的道德声音。吉利根说，解决这个问题的办法并非是建构另一个尺度，用衡量女人的道德思考方法的标准再来衡量男人和女人，确切地说，解决方法是发展一个能精确地评估男人和女人道德发展差异的尺度。但是，为了设计出这样的尺度，吉利根指出，研究者必须重视社会性别如何影响道德思考过程。

卡罗尔·吉利根在自己的《不同的声音》一书中，报道及分析了29位15~33岁不同种族及背景的女性分别进行的两次访谈，澄清妇女如何去处理建构及解决怀孕或堕胎的道德处境。吉利根发现女性把道德定义为实现关怀和避免伤害的义务问题，与男性对公正及权利探讨时表现出那种抽象的"形式逻辑"成为强烈对比。对吉利根来说，女性对判断道德问题的犹疑不是基于缺乏对抽象的权利及正义思考的能力，反而是基于对现实的复杂性的了解。

与此同时，她勾画了女性的关怀伦理发展阶段：第一阶段为确保生存而关怀自我的需要，在这阶段，道德是社会强加的约束；到第二阶段，女性将前阶段批判为"自私"而产生对他人联系的责任，试图对依赖者作出保护，甚至排除对自我的关怀，在这阶段，女性的主要关怀在他人身上，"善"被看成为取决于其他人的接受，用吉利根的话是"传统的女性声音极为清晰地出现了"。在前两个阶段的转折中，女性一再经历对前一阶段的不稳定因素（如对他人关怀的排除、对自己关怀的排除），通过对他人与自我的关系作出重新理解，对自我与他人的互相依赖有更深刻的理解，发展到关怀伦理学的最高阶段，而这阶段往往也不能对道德判断有一致的意见，女性对自己的声音与他人的声音进行区分，协调伤害与关怀之间的差异，对两难处境作出抉择，并承担其导致的责任。

吉利根通过实验研究和访谈，发现无论这些妇女的年龄、社会阶级、婚姻状况和种族背景如何，这些妇女中的每一位都表现出对道德问题的思考，她们的思考方式与经历过科尔伯格道德发展测试的男人相比，有着显著的不同。她们不是运用一种分析的方法去处理流产问题，而是好比去解一道数学题那样，"估算"到底谁的权利更重要，是胎儿的权利还是妇女的权利。

在吉利根的研究中，这些妇女是把流产问题当做人的关系问题来处理的。她们强调，她们关于胎儿命运的决定将会发生何种影响，它不仅影响胎儿，而且会影响到她们和自己的配偶、父母、朋友等人的关系。吉利根也注意到，在她的流产研究中，每个妇女都是在道德判断的三个水平之间变动，首先是寻求决定，然后是证明这样做有道理或者为自己或其他人开脱。不能和这个流产决定达成充分妥协的妇女要么是卡在了道德判断的第一个水平上，要么是卡在第二个水平上。

吉利根举出一位已婚天主教徒的心路历程："在我的处境下……我认为自己的道德是有力的，如果这些原因并非这样，我就没有必要去流产，因而流产是一种自我牺牲……我认为自己有一点自私……我确实认为自己一直是正确的，没有隐瞒任何东西……这是一个明智、诚实和现实的决定。"吉利根以关怀伦理学的观点评价，女性在堕胎的抉择中注意到自己的需要有时被别人看成自私的，但从另一方面看，"这不仅是诚实的也是公正的"，因为她既在决定过程中考虑了其他人，同时也没有忽略对自己的关怀。对吉利根来说，传统女性是被教育成为关怀他人、亦期望他人对自己作出关怀的，她发现"在男孩发展形式逻辑思维的同时，女孩在早期学校阶段的道德发展在青春期却作出让步"，对男孩子来说"发展意味着越发地把其他人看做是与自己平等的"，对女孩子来说"发展跟随着把自己包括在一个不断扩展的联系网中"。所以，她的关怀伦理学也要求聆听女性的声音，要求男性世界重新衡量"自私"、"关怀"及"公义"的意义及价值。在堕胎问题上，吉利根放弃传统伦理学的抽象论证手法，并不相信以一项或几项普遍命题来推导结论及指导现实决定的正义伦理学,反而从女性的经验及声音中看到女性主义崇尚的关怀伦理学。

很清楚,在吉利根的评价中,妇女道德判断的模式一点也不比男人差,它仅仅是不一样罢了。不仅如此,吉利根强调,道德行为者作为个人或者作为群体(如"妇女")的一个成员,尽管这个行为者可能宁选某一种道德方式。然而,道德发展充分的行为者有可能具备非常显著的能力,既能讲述关怀的语言,也能讲述公正的语言,两方面都同样出色。

在吉利根看来,由于我们的文化过分重视科学、客观和理性的思考,因此老师总是告诉学生,在进行道德思考时要用头脑而不是心灵。吉利根怀疑这种方法对儿童的道德发展是否明智,她指出,在很多方面儿童似乎比成人更有道德。这恰恰是因为儿童对家庭成员和朋友的强烈依恋,他们不仅真正关心这些与他们相关的人的感情、意愿、需要和利益,而且依据这些感受来行动。在长大成人后,女孩比男孩更有可能成为这样的人,她们继续把他人的利益放在首位。恐怕不能把妇女的这一特点看做她们在道德上劣等的标志,而应该认识到,这正是妇女在道德上深刻成熟的表现。

第六节　存在主义女性主义思想

谈到存在主义女性主义思想,我们就必须提到两部著作:波伏娃的《第二性》和让-保罗·萨特的《存在与虚无》,两位大家既是师生关系,又是情人,他们的思想虽有很多共同,也有不同。

萨特的思想受到黑格尔的影响很大,黑格尔认为,意识处于一个分裂对立的竞技场。一方面,这里存在着观照的自我,另一方面是被观照的自我。基于黑格尔"自我异化"的概念,萨特认为一个是自为的存在,另一个是自在的存在。自为的存在指的是变动不居的、有意识的存在,它仅为人与人所共有;自在的存在指的是重复不变的物质存在,它是人类、动物、植物和矿物所共有的。

自为的存在和自在的存在之间的区别在分析人,特别是当我们把自在的存在与身体结合起来时,是很有帮助的。身体是固定不变的客观存在。由于身体是可视、可触、可听、可闻和可体味的,所以可以说,身体是可被我们感知之物。相反,感知者,即进行观看、触摸、听闻和品味的实体,它本身却不是一个可感的对象。[1]

在这样两种存在形式后,萨特加上了第三种——为他的存在,有时,萨特把这种存在方式描述为"共在"。由于每个自为的存在都把他人的存在定义为对象和他者,通过这种方式,它把自己建构为主体和自我。所以,这种意识行动建立了一个在根本上相冲突的社会关系系统。因此,定义自我的过程就成了一个寻求权力凌驾他人的过程。"当我试图使自己摆脱他者控制时,他者也正在试图摆脱我的掌握;当我试图奴役他者时,他者也在试图奴役我。必须在冲突的角度里看待对具体行为的描述"[2]。为了把自身的自我确定为自我主体,每个自我都描述和规定他者的角色。不仅如此,而且,每个主体都把自己想象成超越和自由的,而把他者看做内在性的和被奴役的。

萨特的自由概念与自由主义或马克思主义的自由概念完全不同,他认为他的自由概念与他的虚无概念有密切联系。他坚持认为,由于没有什么迫使我们以任何一种固定的方式行动,所以,我们是绝对自由的,我们的未来完全没有被决定,所有的空白都没有人为我们去填充。然而,在我们开始去填充这些空白时,我们被这样的感觉所压倒,这感觉与其说是发现自我,不如说是丧失自我。当我们为自己选取了一种可能时,我们同时也放弃了其他可能。我们以过去为代价——我们的精神承受着过去带来的重负——来换取将来。如果我们坚持说,我们没有经历过他所描述的种种精神重负,如畏惧、苦闷、恶心等,萨特就会谴责我们陷入了"坏的信仰",这种存在状况类似于自欺、虚假意识或者是妄想。

在萨特的所有范畴中,为他的存在或许是最适于女性主义分析的范畴。根据萨特的观点,人类关系万变不离其宗,它总是基于两种根本的冲突形式:在两种对抗的意识之间的冲突,以及自我与他者之间的冲突形式。首先,存在着爱,其本质是受虐;其次,存在着冷漠、欲望及仇恨,其本质是施虐。[3]

萨特说,一开始我们大多数人对爱、对自我和他者的和谐相处都有崇高的理想,尽管这样想不免幼稚。我们相信,对爱的追求是努力与他者融为一体。这种企图类似于基督教神秘主义者的努力,即希望与上帝融为一体,同时保留着他或她独特的个人身份。我们相信,这种结合是一种非常神秘的状态。神秘主义者既是他或她自己,同时又是上帝。我们想给自己创造的就是这样一种神秘处境。在肉体的层面,这种相融却各自独立意味着,比

---

① 让-保罗·萨特:《存在与虚无》。

② 让-保罗·萨特:《存在与虚无》,第364页。

③ 让-保罗·萨特:《存在与虚无》,第252~302页。

方说我的恋人在我的身体里同时过着自己独立的生活，我的恋人也以这样的方式了解我的身体，他会去除我们之间所有的间隔，同时又不使我们双方丧失原有的那种他者性。同样，在精神的层面，这种相融而各自独立也意味着，我的恋人会知道我的精神状况，他了解我，他等于我。同时他既不剥夺我的身份，也不失去自己的独立身份。

按照萨特的看法，这种相融而各自独立的结合是不可能实现的梦想。我们生活在一个毫无神秘可言的世界。这里根本没有和谐的可能，也没有那种自我和他者的结合，自我对完全自由的需要是绝对的，以至于不能和别人分享。我们爱的企图——我们所渴求的相融又各自独立地结合，常常会沦为互相占有或者彼此将对方对象化。我们想要保持自己的主体性和自由，又渴望和他者建立关系（尽管它完全就是自我毁灭的性质）。我们在这种斗争中疲于奔命，其结果就导致受虐狂。这种情形，即在他者的主体性把握中完全丧失我们自己的主体性，我们邀请他者把我们自己当做一件纯粹的物来对待。

对于萨特来说，受虐不是变态的爱，而正是爱的本质结果。我们希望由痛苦和羞辱抹杀自己的主体性，真正成为客体；而他者——施虐者正是把我们当做对象来接受的。我们的痛苦似乎是要证明，在这件事上我们没有选择余地。然而，萨特解释说这是一种自欺。为了成为受虐者，我们必须做出选择，把自己理解为客体。因此，作为一种逃避主体性的方式，受虐是走入死胡同。我们越想把自己降低为纯粹的物，我们就越是明确地意识到作为主体的我们自己，正是我们的主体性在把我们自己降低为物。[1]

我们曾努力成为成功或失败的情人（受虐者），但两者我们都没有当上，这种挫败感使我们陷入冷漠欲望或施虐仇恨，企图反抗他者的自由。我们的反抗从沉默冷漠开始，这个形式就是萨特所说的"盲目"，或者是无视他者的主体性。我们是盲目的，我们不做任何努力去理解他人，只是把他者看做纯粹的客体："我简直看不见（他者），我行我素，旁若无人。"[2]这种唯我论是建立自我的过程，因为此一做法允许我们忽略被他者决定、被他者的观看所塑造的这一事实。在他者中，我们趾高气扬。当我们冷漠地对待他者时，我们假装他们根本不存在。他们不能定义我们，或者将我们存入记忆。然而，发生着的事情即使我们不承认也依然实际发生着：他者事实上存在，在他们眼里，我们才是客体。那么，我们所拒绝承认的一切，也可以在任何时候降临到我们头上。他者可以在任何时候把充满

---

① 让-保罗·萨特：《存在与虚无》，第378~379页。
② 让-保罗·萨特：《存在与虚无》，第390页。

人性的目光投向我们，我们可以接受到这注视。萨特说，这"短暂然而令人震颤的光明一瞬"，会撕开我们冷漠的外衣，强迫我们认识他者的主体性和自由。[①]

在接受他者观看时，我们全然冷漠的企图被摧毁了，就在这样的时刻，我们开始对他者产生性欲望。对他者的性欲望，就是把他者当做纯粹的肉体和完全的对象。萨特说，这个欲望含有施虐的成分。然而，一旦我们占有了作为身体的他者，我们就发现，我们想要的不是作为身体的他者，而是作为自我的他者："没错，我能抓住他者，紧抓不放，把他踹倒。倘若我有权力，我可以强迫他表现这样或那样的行动，按我的要求说话。但无论我怎么做，结果都像是我想抓住这个人，但他跑开了，只有外套留在我手里。我所占有的只是这个外套，这个外面的空壳。我得到的只是一个身体，世界中的一个精神对象。"[②]我们认为我们就要征服他者，而他者的意识和肉体似乎已经准备向我们屈服。此刻，他者可能正和我们目光对视，并把我们变成了他们的客体。萨特说，通过将自己重新确立为主体，他者挫败了我们施虐的企图。

即使通过施虐，也不能铲除他者的威胁和独立。这样，我们唯一的手段就是仇恨了，即希望他者死掉。我们希望永远消灭这个自我，它把我们当做他者，通过注视来威胁我们的自由。如果我们感觉到，在他人的意识中我们是荒唐可笑的、邪恶的，或者是懦弱的，我们就会希望摧毁这一意识，以此解除自身的尴尬。萨特指出，对某一特定他者的仇恨事实上就是对所有他者的仇恨。如果我们不希望成为"为他的自我"，我们在逻辑上就必须彻底消灭所有的他者。但仇恨同样也是徒劳的，因为，即使所有他者都不再存在，他者目光所留下的记忆还将永远保留在我们意识中。无论我们对自己会形成什么样的理念、如何形成自我，这一切和关于他者的记忆是不可分的。因此，即使我们最后的仇恨手段也不能达到目的。"仇恨不能使我们脱离这个循环。它仅仅是代表了最后的努力、绝望的努力。这一努力失败后，这个'为自我者'将一无所有，除了再次进入这个循环，并且让自我被无限抛掷下去"[③]。

波伏娃采用了存在主义的本体论和伦理学语言，她指出：男人将"男人"命名为自我，而把"女人"命名为他者。如果说他者对自我是威胁的话，那么女人对男人也是威胁。因此，男人如欲保持自由，必须使妇女屈从于自己。无疑，社会性别压迫并不是唯一的压迫

---

① 让−保罗·萨特：《存在与虚无》，第381页。
② 让−保罗·萨特：《存在与虚无》，第393页。
③ 让−保罗·萨特：《存在与虚无》，第412页。

形式，事实远非如此。

波伏娃对妇女受压迫的种种特征作出了独特的理论阐述，要检验她的观点，一个很好的方式是思考她对这一问题的分析：女人是如何成为他者的。《第二性》的前三章分别题为："生物学的论据"、"精神分析学的妇女观"、"历史唯物主义的妇女观"。在这三章中，波伏娃讨论了这样几个问题：妇女是怎样变得与男人不同的、妇女又如何从男人中分离出来、妇女怎样进而演变为比男人更低劣的性别。波伏娃指出，尽管生物学家、弗洛伊德学派精神分析家和马克思主义的经济学家都阐明了妇女的"他者"性质，但是，存在主义的哲学家对此提供了最深刻的解释。

波伏娃认为，生物学对社会提供了事实，而社会则按自己的目的来对之作出解释。例如，生物学描述了男性和女性各自的生育角色：虽然雄性生命通过精子在另一个生命中得到了超越，但在那一刹那，精子对雄性却变成了陌生者，从它的身体当中分离出来。因此，雄性在超越其个体性的同时，又完整地将其予以恢复。相反，当卵子完全成熟从卵泡里脱颖而出落入输卵管时，它便开始了同雌性身体的分离过程，但若来自外部的一个配子使它受精，它则因被植入子宫又变成附属的。雌性先是被侵犯，后来便发生异化——它在某种程度上变得有别于它自己。[①]

这些生育"事实"在某种程度上可以解释这一点，即为什么对妇女来说，形成和保持自我常常更艰难，特别是当女人有了孩子时。尽管如此，在波伏娃看来，这决不足以证明这一社会神话有道理：妇女追求自我的能力在本质上就比男人低。

波伏娃承认，妇女在生物和生理结构上的确存在着这样的情况：相对于男人在生育中的次要角色，妇女的作用是首要的；相对于男人的强壮体力，妇女的体力是较弱的；相对于男人在性交过程中的积极角色，妇女是比较被动的。然而，波伏娃反复指出，尽管事实如此，但我们赋予这些事实多少价值，这完全取决于作为社会存在的我们自己。她写道："女性受制于物种的奴役和她的各种能力的限制，这都是极其重要的事实。妇女的身体对于她在世界的处境是最重要的因素之一，但是身体不足以界定她之为女人。活生生的现实是由有意识的个体通过行动在社会内部所呈现的现实，除此之外，没有别的真实存在。生物学不足以回答我们面临的问题：为什么妇女是他者？"[②] 换言之，女人既是

---

① 西蒙娜·德·波伏娃：《第二性》，第25~26页。
② 西蒙娜·德·波伏娃：《第二性》，第41页。

"为他的存在"，也是"自在的存在"，既然如此，我们有必要超越这些由女性的生物学和生理学原因来解释女人处境的方式，以求充分解释这一问题：为什么社会选择了女人来扮演他者角色。

波伏娃舍弃生物学而求助于心理学，特别是精神分析学说，希望能更好地解释妇女的他者性质，结果令她失望。根据波伏娃的看法，传统的弗洛伊德学派认为女性是这样的造物，她必须在她的"阳性化"和"阴性化"这两种倾向之间挣扎。前者表现为阴蒂性欲，后者表现为阴道性欲。要赢得这场战斗——成为正常的女人，妇女必须克服她的阳性倾向，把她的爱恋从女人转向男人。波伏娃承认弗洛伊德是天才，但同时，波伏娃并不接受这一观念。

波伏娃认为，对生存者来说，还有更原始的"生存追求"，性只是其中的一个方面。精神分析学家们认为，关于人最重要的真理在于他与自己身体的关系及在他所属群体中与同伴身体的关系。但是人对围绕着他的自然世界的实质有着基本的兴趣，他希望在工作、娱乐和所有那些"能动的想象"经验中发现这个世界的实质。人渴望与整个世界具体地融为一体，这是可以用所有可能的方式理解的世界。在土地上耕作、挖掘地洞都是和拥抱、性交一样的原始活动，在这里只看到性象征的人，他们是在欺骗自己。[①]换言之，不能把文明解释为仅仅是压抑性冲动或性欲升华的产物。文明比这要复杂得多，男人和女人的关系也是如此。

波伏娃尤其认为，弗洛伊德一派的错误在于，他们告诫妇女说，妇女比男人的社会地位低，这只是因为女人没有阴茎。早在几十年前，波伏娃就提出了以后美国妇女运动作为宗旨的观点，她拒绝承认妇女的生物机能决定了她们的命运，使女人注定处在次等人、次等公民的位置。波伏娃说，女人"羡慕"拥有阴茎者，这不是因为她们想要阴茎本身，而是因为她们渴望得到社会给予阴茎所有者的物质和心理特权。同样，不应把男性的社会地位归之于男性生物机能的一些特征，"阴茎的威望"可以由"父亲的统治权"来解释。妇女作为他者不是因为她们缺少阴茎，而是因为她们缺少权力。[②]

最后，波伏娃思考了马克思主义对女人何以是他者的解释，她发现，这和弗洛伊德的解释一样令人不满意。恩格斯指出，妇女从事自在性的工作，如炊事、清洁和抚育子女；男

---

① 西蒙娜·德·波伏娃：《第二性》，第51页。
② 西蒙娜·德·波伏娃：《第二性》，第55页。

人承担自为性的工作，如狩猎、战斗——大多数这类活动涉及使用工具征服世界。从这时开始，作为这一特殊的劳动分工的结果，男人攫取了生产资料，他们开始成为"有产者"，而妇女成为"无产者"。资本主义支持这一状况，因为这样它就不必为妇女的家务劳动支付工资。"资本主义制度"使妇女的家务劳动成为免费的。如此，男人将一直是"有产者"，而妇女是"无产者"，这种状况直到资本主义被推翻、男女平等地拥有生产资料才会结束。恩格斯说，到那个时候，也只有在那时，劳动分工才不会依据个人性别，而是基于个人从事某种工作的能力、准备和志愿来进行。

波伏娃不同意恩格斯的观点，她坚持认为，从资本主义到社会主义的转变不会自动改变男女关系。妇女在社会主义社会也同样有可能依然是他者，就像在资本主义社会一样。因为妇女受压迫的根源并非仅仅在于经济，它更是本体论的。所以波伏娃强调说："如果人的意识中没有包括这种渴望——控制'他者'的原始渴望，那么，即使发明青铜工具，也不会导致对妇女的压迫。"[1]妇女解放要求的远远不止是铲除私有制度，它更要求完全根除男人控制妇女的欲望。

传统的生物学、精神分析学和经济学对妇女受压迫的解释，都不能使波伏娃满意，她寻求更深入地阐明男人定义男人为自我、女人为他者的原因。她认为，男人把自己作为有能力在战斗中冒险的主体来感知，在这个过程中，男人把女人看做对象，仅仅是给予生命的对象。波伏娃说："使男人超越于动物的，不是给予生命，而是拿生命冒险。这就是为什么人性的优越性没有赋予带来生命的一性，却给予了杀戮生命的一性。"[2]此外，波伏娃推测，男人把女人贬低到他者范围，这里或许还有另一更基本的原因。她认为，一旦男人声称自己是"主体和自由的存在，他者的概念（就产生了）"[3]——特别是妇女作为他者的概念就产生了。妇女成为男人所不是的一切，成为一种异己的力量。男人最好牢牢控制这种力量，以免反过来妇女成为自我，男人成为他者。

波伏娃强调，每个男人都在寻找理想的女人，即能够使他拥有完整人格的女人。但是，由于男人的需要是如此相似，因此他们心目中理想女人看上去都是一样的，文学证明了这一事实。

波伏娃集中分析了五位男作家的作品，她注意到："蒙特朗身上有明显的大男子主

① 西蒙娜·德·波伏娃：《第二性》，第64页。
② 西蒙娜·德·波伏娃：《第二性》，第72页。
③ 西蒙娜·德·波伏娃：《第二性》，第89~90页。

义思想，认为'女人是黑夜、混乱和被限制的存在'，他在女人身上寻找纯粹的动物性；D·H·劳伦斯是一个阳具崇拜者，他要求女人总括一般的女性特征，这可以透过《恋爱中的女人》两姐妹的爱情故事得到清晰印证；法国诗人克洛代尔把女人界定为灵魂姐妹；布勒东开创了超现实主义，深受弗洛伊德的影响，将梦引入了现实，他笔下的梅露辛就把他的希望寄予孩子般的女人；司汤达尔希望他的情妇有才智、有教养，在精神上和行为上都很自由，是与他般配的女人。"[1]

波伏娃指出，这些理想女性也许看上去都不一样，但她们共有一些基本特征。在这里，每位女性人物都被要求忘掉自我、拒绝自我，或者以某种方式否定自我。蒙特朗的女人是为了让她的男人感到自己强大而存在的；劳伦斯的女人放弃自己的梦想，以便使男人实现梦想；克洛代尔的女人不仅是上帝的女仆，也是男人的女仆；布勒东的女人背负沉重的救赎责任：只有付出她全部的爱，才能拯救她的男人，否则那男人注定要毁灭；司汤达尔的女人满怀激情挺身而出，甘冒生命危险去拯救情人，使之免于毁灭、监狱和死亡。总而言之，理想的女人、男人崇拜的女人是这样的女人，她们深信为男人牺牲就是自己的责任。[2]

除了把自我牺牲的女人理想化和偶像化之外，男人对女人的迷思还暴露出一种根本矛盾的态度：对女人的天性爱恨交加。波伏娃描述了男人把自然和妇女联系起来的方式，早在精神分析的女性主义者多罗西·丁内斯坦和生态女性主义者苏珊·格里芬之前，波伏娃就提出了这样的观点。正如自然一样，女人让男人联想到生与死。妇女同时是天真无邪的天使和罪恶的魔鬼。女人自然的身体提醒男人，它会遭受疾病、死亡和腐朽，因而男人喜欢人工修饰的女性身体。盛装打扮、涂脂抹粉的女人，把那种"野兽的残忍"（她的气味）掩藏起来，使男人能够逃离她的身体所指向的淫荡和必死无疑。[3]

如果女人真能对她的"理想"形象不屑一顾，那么情况对她来说也不至于那么危险。但女人做不到这一点，因为男人有权控制她、利用她来为自己服务，无论对女人来说代价是什么。波伏娃说巴尔扎克就曾经总结过男人对女人的态度，他这么写道："不要理睬她的抱怨、她的哭叫、她的痛苦，大自然造就女人就是为我们服务的，就是为了让她承受这一切——由男人引致的子女、悲哀、打击和痛苦。不要谴责你自己心狠。在所有所谓文明国家的法典中，男人都在律法里对女人的命运写下这样残忍的铭文——Vae victis（悲哉，

---

① 西蒙娜·德·波伏娃：《第二性》，第284页。

② 西蒙娜·德·波伏娃：《第二性》，第280~285页。

③ 西蒙娜·德·波伏娃：《第二性》，第180~181页。

失败者)！弱者活该造孽！"[1]最后，使得女人神话如此危险的还在于，许多妇女内化了这种神话，把它看做了什么叫做妇女的准确表达。

与萨特不同，波伏娃对社会角色的作用进行了详细论述。她指出，这些社会角色是自我或主体用来控制他者或对象的主要机制。她认为，妇女对自己他者性的接受是悲剧性的，她把这种接受称之为女性的"神秘"。经过针对女孩的痛苦的社会化过程，这种神秘代代相传。波伏娃是在两次世界大战之间长大的，那时她是一个法国资产阶级家庭的少女。从自身经验出发，波伏娃指出，女孩很早就认识到她们的身体和男孩不同。到了青春期，随着乳房增大、初潮开始，女孩被迫接受和内化了可耻的、卑下的他者性。她说，在婚姻和母职体制中，女人内心的他者性更被强化和巩固。

依据波伏娃的看法，妻子的角色阻碍了妇女的自由。尽管波伏娃相信，男女都有能力建立深挚爱情。但她强调，婚姻制度败坏双方关系，它把彼此自由给予的感情转化为强制性的责任和索取无度的权利。波伏娃说，婚姻是一种奴役形式。它带给妇女（至少是法国资产阶级妇女）的只不过是"华而不实的平庸生活，这里没有远大抱负和激情，缺乏目标的日子无限重复，生活轻松流逝消亡，没有人质疑这种生活的目的"[2]。婚姻给了妇女满足、安宁和保障，但它也剥夺了妇女追求卓越的机会。作为牺牲自由的回报，妇女从婚姻中得到"幸福"。女人渐渐学会随遇而安：

> 她把自己关在新家之内，心里并非毫无遗憾。当她还是个小姑娘的时候，整个乡间都是她的家园，整个森林都是她的。现在，她被限制在一方狭小的空间，大自然被缩小到一盆天竺葵大小的地方，墙壁阻断了她的视线。然而，她正准备开始克服这些限制。在多少有点昂贵的古董里，她拥有异国风情和过去的时光，她又有代表着人类社会的丈夫，她还有自己的孩子，孩子是她怀抱中的未来，她因而拥有整个未来。[3]

如果说，妻子角色限制妇女发展自我，母亲角色更有甚之。[4]虽然波伏娃承认，养育

---

① 西蒙娜·德·波伏娃：《第二性》，第256页。

② 西蒙娜·德·波伏娃：《第二性》，第500页。

③ 西蒙娜·德·波伏娃：《第二性》，第502~503页。

④ 西蒙斯，本杰明：《西蒙娜·德·波伏娃》，第241页。

孩子,使之长大成人,这是积极介入存在。但她坚持认为,生育孩子并不是行动,它仅仅是事件而已。

波伏娃强调,怀孕只是使妇女同自己疏离,它使妇女难以不受阻碍地描绘自己命运的蓝图。如同激进自由主义的女性主义者费尔斯通一样,波伏娃怀疑所谓怀孕的喜悦。她认为,即使那些想要孩子的妇女,怀孕对她们来说也是一段艰难时光。

另一方面,波伏娃也和费尔斯通一样,她担心母亲与子女的关系是如此容易受到扭曲的关系。刚开始,孩子似乎把母亲从她的客体地位中解放出来了,因为她"在孩子那里得到了男人从女人那里寻求的东西:一个他者,在天性和精神上都是一位他者,这既是战利品也是一位替身"[1]。然而,随着时间的消逝,孩子逐渐成为苛求的暴君:从初学走路的宝宝、青春期少年,进入成年,到成为有自觉意识的主体。这个自觉的主体可以通过注视母亲,再把她变成客体,成为做饭、洗衣、照顾、付出,尤其是牺牲的机器。不难以预料,被降低为对象的母亲,她也开始把自己的孩子当做对象来看待和使用,孩子是可以弥补她深重挫败感的东西。

这里很清楚,在波伏娃的评价中,"妻职"和"母职"这两个女性角色都是限制妇女自由的。然而,所谓妇女的"职业"角色却也同样如此。波伏娃强调,和贤妻良母一样,职业妇女也逃不出女性气质的囚笼。的确,在某些方面,职业妇女的处境比家庭主妇或母亲的处境还要恶劣,因为人们都期望,无论何时何地,她们的行为举止都要有女人的样子。换言之,人们期待职业妇女把她的"女性气质"所蕴涵的"责任"融合到她的职业责任中。这也就是说,社会希望她们有某种取悦于人的外表。结果,她的内心在职业关注和对自己女性气质的关注之间挣扎。如果职业妇女完全投入到工作中,以至忽略了外表,她会看到自己完全达不到由美貌妇女定下的标准,她会发现自己从头发、牙齿、指甲、肤色、体形到衣着,处处都有毛病,感到自己貌不惊人、缺乏性魅力。惊慌失措之余,职业妇女不得不缩短自己的工作日,花更多时间去美容。即使是这样重新分派了时间的用场,职业妇女很快还是会发现,相对于职业男性,她不过是个次要角色,因为那些职业男性与她不同,社会不要求男人培养自恋的美德。[2]

所有的妇女都在扮演女性气质角色,尽管如此,根据波伏娃的看法,只有三种妇女是

---

① 西蒙娜·德·波伏娃:《第二性》,第571页。
② 西蒙娜·德·波伏娃:《第二性》,第761~763页。

完全彻底地投入"女人"角色的, 这三种类型是: 妓女、自恋狂和神秘主义者。波伏娃对妓女的分析很复杂, 一方面, 妓女是妇女作为他者、对象和被剥削者的范式; 另一方面, 妓女像购买妓女性服务的男人一样, 她也是自我、主体和剥削者。波伏娃指出, 妓女卖身为娼不仅是为了钱, 也是为使男人向她的他者性质致敬。与男人的妻子和女友不同, 妓女得到某些东西, 靠的是出让自己的身体, 以满足男人对"财富和名望"的梦想。①

波伏娃承认, 所谓街边女郎, 她常常出卖身体, 这是因为身体是她唯一可卖的东西。波伏娃着重指出, 与之相比, 所谓应召女郎, 即高级妓女, 她是把她整个自我看做资本, 她在任何关系中通常都占上风。②波伏娃认为妓女是敢于向社会性道德观念挑战的非凡女人, 这个观点以若干研究, 尤其以被描述为"hetaerae"的古希腊高级妓女的研究为基础。在这些研究中, 雅典被描述为一个卖淫中心, 妓女在那里被划分为至少三个等级。处于这个地位阶梯最底层的是"pornai", 她们出售自己的服务前要接受全面的检查。地位稍微高一点的是"ayletrides"或表演者 (player), 她们不仅以自己的肉体, 而且以演奏音乐娱乐客人。占据最高位置的是"hetaerae"。在某些方面, 这些容貌出众、智力过人的妇女享有特权, 特权超过那些可敬的雅典妻子和母亲。与高级妓女不同的是, 那些贤妻良母中大部分人没有受过教育。事实上, 有些高级妓女积聚了大量财富, 通过与之娱乐的男人, 她们能够在公共领域行使很大权力; 而当时, 那些男人家里的妻子和母亲们则根本没有经济和政治实权。波伏娃的观点似乎是这样, 像妻子和母亲一样, 高级妓女即便逃不出被当做他者的命运, 至少她能够利用她的他者性质, 将之作为自己的个人优势。

然而, 有些研究古代生活的学者, 例如, 萨拉·B·波默罗伊就提出, 希腊的高级妓女并非是最幸运的女人, 尽管名妓有途径进入雅典知识分子的生活, 但是她的生活仍然有着明显的缺陷。"我们知道一些艺妓很想过上可敬的贤妻生活, 而我们还知道没有哪位公民之妻想当高级妓女。这应该使我们重新考虑这个问题, 即在古代雅典到底人们更乐意选择哪一个角色: 情人还是妻子"。

简言之, 名妓为性自由和精神激励付出的代价不仅有她在雅典社会内的地位, 而且还有家庭温暖。虽然后者不那么魅力四射, 却依然有其意义。然而, 按照波伏娃的观点, 相对于握有特权, 能够积极而不是被动地发出声音, 能够在一定程度上独立于男人而生活,

---

① 西蒙娜·德·波伏娃:《第二性》, 第630页。
② 威尔·杜兰特:《希腊生活》。

这也许并不算太高的代价。[①]

比娟妓更成问题的女性气质角色是自恋狂。波伏娃指出，女人的自恋是从她的他者性中产生的。女人作为主体受到挫败，因为社会不允许女人去从事定义自我的活动，还因为她的女性化的活动也不能满足自己："不能通过计划和目标来实现自己，（女人）被迫在她的个人内在的世界去发现自己的现实……她赋予她自己至高无上的重要性，因为她得不到其他的重要对象。"[②]

女人因此变成她自己的重要对象。她相信自己是对象，所有她周围的人都确证着这一点，她因此为自己的形象（脸、身体、衣着）所倾倒，也许甚至迷恋自己的形象。这种既是主体又是对象的感觉当然是虚幻的。为他的存在和自在的存在不可能融为一体，然而，自恋狂者总相信她就是例外。

最初，自恋对女人也是有益的。作为青春期少女，她"可以从对自我的崇拜里汲取勇气，以面对令人不安的未来"[③]。然而，自恋最终是阻碍妇女发展自我的。满足男人欲望与符合社会品味的需要，这些束缚她的发展。自恋狂的自我价值依赖男人和社会对她的赞许。只有别人说她美时，她才美。她没有能力宣布自己是美的。

也许问题最大的女性气质角色是神秘主义者，她追求成为至尊主体的至尊对象。波伏娃写到，神秘主义者把上帝混同于男人，把男人混同于上帝。她谈起神来，似乎他们都是人，她谈起男人，又仿佛他们都是神一样。波伏娃说，神秘主义者在神性的爱中追求的"首先是恋爱中的女子在男人那里寻找的东西，使她的自恋得到张扬、提升：这一全神贯注、充满爱意的凝视，它至高无上，是奇迹般的神赐"[④]。神秘主义者并不通过上帝寻求超越，相反，她所寻求的是被上帝当做举世无双之物来占有，上帝不会允许别的女人出现在他面前。神秘主义者希望从上帝那里得到的，就是把她自己作为对象的身份提升到至高无上地位。

波伏娃如此描述了妻子、母亲、职业妇女、娼妓、自恋者和神秘主义者等角色，反省这一切，她得出结论：这里的悲剧在于，这些角色从根本上来说都不是女人自己创造出来的。她本人不是造物者，女人是被提供出来给这个生产性社会的男性世界，由这个男性世

① 西蒙娜·德·波伏娃：《第二性》，第631~636页。
② 西蒙娜·德·波伏娃：《第二性》，第700页。
③ 西蒙娜·德·波伏娃：《第二性》，第710~711页。
④ 西蒙娜·德·波伏娃：《第二性》，第748页。

界认可的。波伏娃说，女人被男人建构，被男人的社会结构和制度建构。然而，像男人一样，女人也没有所谓先定的本质。因此，她没必要继续成为男人要她成为的人。女人能够成为主体，能够在社会中从事积极的活动，能够重新定义她的种种角色，也能够废除这些角色：妻子、母亲、职业妇女、娼妓、自恋狂和神秘主义者。女人可以创造她自己的自我，因为不存在永恒的女性气质这种指派给她的现成的身份。所有阻碍妇女去创造自我的原因在于社会，而这个父权制社会，在波伏娃的评价中已经走到尽头："可以肯定的是，迄今为止，妇女的潜能一直受到压制，妇女没有机会实现人性。现在是时候了，让妇女把握机会为自己的利益和全人类的利益奋斗吧。"[1]女人和男人一样，她是主体不是客体；她和男人一样不是"自在的存在"，和男人一样，女人也是"自为的存在"，应该是男人认识到这一事实的时候了。

当然，要逃出波伏娃一再描述的妇女的内在性，逃出社会、文明习俗与男人强加于她的那些限制、定义和角色，这对女人是很不容易的。然而，如果女人想要终止这一事实，不再作为第二性和他者，她就必须克服环境的力量。她必须拥有自己的声音、自己的道路，正如男人一样。论及妇女超越之路，波伏娃说，妇女可以采用的策略有四种。

第一，妇女可以去工作。的确，波伏娃也认识到，在资本主义的父权制社会，工作是带有压迫和剥削性质的，特别是它对妇女来说，导致了双重负担：在办公室或工厂上一个班，回家后还要上一个班。尽管如此，波伏娃坚持认为，无论妇女的工作多么繁重和令人疲惫，它依然为妇女的发展提供了可能性，这个可能是她不工作就得不到的。通过走出家庭和男人并肩工作，妇女"重获超越性"，她"具体肯定了自己作为主体的地位、肯定了自己作为积极描绘命运航程的人"[2]。

第二，妇女可以成为知识分子，即改变妇女命运的先锋者。知识活动毕竟是人进行思考、观察和定义的活动，而不是被思考、被观看和被定义的消极"无为"。波伏娃鼓励妇女研究如艾米莉·勃朗特、弗吉尼亚·伍尔芙和凯瑟琳·曼斯菲尔德这样的作家，波伏娃认为，作为作家，她们非常认真地探讨了死亡、生命和痛苦。[3]

第三，妇女可以为推动社会转向社会主义而努力。像萨特一样，波伏娃对于结束人类普遍的主体与客体、自我与他者的冲突，尤其是男人和女人之间的这些冲突，是寄予希望

---

① 西蒙娜·德·波伏娃：《第二性》，第795页
② 西蒙娜·德·波伏娃：《生命的华章》，第291~292页。
③ 西蒙娜·德·波伏娃：《第二性》，第791页。

的。在《存在与虚无》中，萨特得出结论，所有爱或联姻的努力都注定要堕入要么受虐要么施虐的关系中。对这一结论，萨特加了一个脚注，他解释说："我的思考并不排除可能的解脱和救赎伦理。但是，只有在激进的变化之后，才可达到其可能性，这种激进变化是我们这里无法讨论到的。"[①] 他心目中的激进变化就是马克思主义革命。在《存在与虚无》中，人与人之间的斗争是出自心理需要，而这个心理需要又是从意识自身的天性里产生出来的；而在萨特的《辩证理性批判》中，这个斗争变成劳资双方的斗争，它不是由心理需要而是由经济需要引起的。萨特启示人们，只有所有的人都有充足的衣食居所，他们才有可能克服导致他们彼此分离的心理障碍，爱才会成为可能。

第四，像萨特一样，波伏娃也相信，妇女解放的关键之一是经济因素。这一点，她在讨论独立妇女时进行了强调。她提醒妇女，她们的环境当然还会限制她们定义自己的努力。正如雕塑家的创造性受到手头大理石材料的限制，举例来说，妇女的自由也同样被她银行账号上的金额所限制。如果女人想要完全实现自己的潜能，她必须致力于创造这样一个社会：它能为她提供物质支持，使她能够超越当前存在的限制。

最后，为了超越自己的限制，女人可以拒绝内化她们的他者性，拒绝通过社会里占统治地位群体的眼睛来认同自己。波伏娃说，接受他者的角色就是接受自己作为对象的地位。

第七节　后现代女性主义思想

后现代女性主义（postmodern feminism），又称后现代女权主义，顾名思义就是女性主义加后现代主义。后现代社会在西方逐渐成为现实之后，后现代主义、后马克思主义、新自由主义、新保守主义、现状肯定论、多元文化论及生态主义等新思潮逐步进入了西方学术界主流。

后现代女性主义产生于20世纪80年代。在女性主义三大主要派别长达百年的论争之后，随着西方国家进入后工业化社会的进程，出现了一个崭新的理论流派，这就是后现

---

① 让－保罗·萨特：《存在与虚无》，第412页。

代女性主义流派,有的理论家甚至将这一新流派的出现称为女性运动的"第三次浪潮"。后现代女性主义颇具颠覆性,它不仅要颠覆父权秩序,而且要颠覆女性主义三大流派据以存在的基础。因此,严格地说,后现代女性主义并不能算是与三大流派并列的第四大流派。

后现代女性主义思潮提出了实现男女差异性平等、认同差异、包容差异,并且认为差异并不必然带来性别歧视,呼吁建构女性自我意识,立志铲除地球上所有不平等现象与制度。概括地说,后现代女性主义思潮一是认为女性主义夸大了男女不平等的问题,是一种"受害者"哲学;二是认为男女不平等的问题原本就不该政治化,是女性主义人为制造出来的;三是认为对男女不平等问题不宜以对立态度提出,而应以寻求两性和谐的态度提出来。

20世纪60年代,后现代理论在法国首先兴起。法国的后现代女性主义代表人物有克里斯蒂娃等。他们将后现代理论导向对父权文化和生殖器中心话语的女性主义的批判。这一思潮从1968年开始出现在女性主义之中。从思想渊源看,英美女性主义一向重自由人文哲学,而法国女性主义则重后结构主义。前者与后者相比,是比较传统的和男性中心的批判理论和方法。

后现代女性主义力图重建女性的话语权,它吸收了法国大哲学家福柯的话语权力理论,强调权力和话语的不可分割性,福柯在他的权力—知识形成学说中清楚地表明:权力的实施创造了知识,知识本身又产生了权力,权力是由话语组成的,话语是权力的产物,在话语的实践中潜藏着权力的运作,话语的争夺实质上即权力的争夺,话语的拥有意味着权力的拥有。后现代主义关于"话语就是权力"的理论,致力于重建女性的话语。它认为,在数千年的人类社会中,女性一直生活和存在于男性所创造的男性霸权话语中,从而失去了其应有的话语权,并一直处于话语的边缘地带。这也是女性受到压迫的重要原因,女性要改变这种状况,就要拥有女性自己的话语领地,就必须占领话语权。后现代女性主义鼓励女性通过自己身体本身和真实的女性经验来创造女性话语,以便对抗男权文化传统的权力话语,颠覆男性话语在社会历史过程中的统治地位。

后现代女性主义的基本观点是:挑战关于解放和理性的宏大叙事,否定所有的宏大理论体系。这一理论思潮的要点是反对一切有关人类社会发展规律的大型理论体系,主张只有分散的、局部的、小型理论才是有效的。后现代女性主义致力于批判所有那些博大宏伟和涵盖一切的现代理论,试图建立社区理论,即将道德和政治观念建立在小范围的特殊社区的经验之上，否定因果关系与宏观社会概念。后现代理论超越意识，关注无意识和下意识的自我；关注矛盾、过程和变化；关注个人的肉体性质；拒绝男权的宏大叙事、普适性理论、客观性。

后现代女性主义的哲学建立在下列假设之上：所谓"知识的普适性"是错误的概括。科学、宗教、法律的话语及知识的生产都是局部的，只具有相对的价值。从启蒙思想开始，所有的宏大理论就都标榜其普遍性和性别中立的性质，那些强调两性差异的理论也自称是性别中立的。可在后现代女性主义看来，这些理论都是以男性为其标准的，完全忽视了女性的存在。例如，在公众领域和私人领域的划分上，认为前者是男人的天地、后者是女人的天地，这就是典型的父权制的政治思想。后现代女性主义认为，女性从资产阶级自由主义的思想解放中没有得到过什么益处，自由主义和启蒙主义的话语从来都没有把女性包括在内。

后现代女性主义接受了建设性的后现代主义的内在联系和提倡的多样性、差异性等理论观点，在争取妇女解放的过程中不再把男性都看做压迫女性的敌人，而是关注男性与女性的相互依存关系，注重男性与女性之间生理和心理的差异，尤其是男性与女性之间在阶层、阶级、国家、种族等方面的差异；质疑以往女性主义理论中存在的那种以西方中产阶级白人妇女为言说主体的普遍主义倾向，主张妇女主义理论的多元化。后现代女性主义提出一种新的以性别差异为基础的男女平等观来取代传统的、抽象的男女平等观。它认为，男性和女性的关系不是对立的，而是具有内在联系的、相辅相成的和相互依存的伙伴关系。认为应建立以性别差异为基础，而把男女平等看成是在承认个体独特性的前提下女性与男性的具体平等。主张与男性开展全面合作，争取男性的支持，使男性中的许多人都可以成为女性的盟友和伙伴，它主张，男女关系应从男性统治模式转变为伙伴关系模式。

在西方进入后工业化社会之后，有关人类社会发展规律的总体性话语遭到怀疑，甚至连理论本身也遭到怀疑。后现代女性主义反对对性别、种族、阶级做宏观的分析，认为这些分类都过于概括了。由于每一个类别的内部都是千差万别的，所以这些分类就不再适用了。在后现代女性主义者看来，就连"女性"、"父权制"这类概念也都带有很大程度的本质主义色彩。

第八节　多元文化女性主义思想

什么叫多元文化主义呢？也许是由于该词被用得太多、太泛、太随意，直到目前为止它尚未有一个界定分明、一致公认的定义。可以这么说，"多元文化主义可以指任何东西，也可以什么都不指"，它完全取决于使用该词的人在谈论什么问题，以及在什么语境下谈论有关的问题。所以，使用该词时人们必须说明该词具体指涉什么及它的相关含义。不然，不同的读者对多元文化主义会有不同的理解，导致误会。举例来说，多元文化女性主义就是从其内容范畴来说的。

文化多元并不是现代社会才有的现象。早在古代埃及和罗马，不同文化背景的民族就和睦地相处于一个社会。在前现代时期，一些社会甚至在法律上承认不同宗教的存在，并想方设法调和宗教派别之间的冲突。然而，文化多元并不等同于多元文化主义，前者主要是一种现象描述，后者则是一种政治理论、一种意识形态。如果说文化多元旨在指出不同文化的共存，多元文化则不仅指出不同文化的共存，而且还要求承认不同文化的差异并平等对待它们。可见，多元文化主要是一个相当激进的社会理论。

多元文化女性主义基于一种深刻洞察，即在一个国家内部——例如美国——并不是所有的妇女生来就平等或者被设想为平等的。在美国，每一位妇女作为美国妇女，她所经历的压迫都是不一样的。这不仅是因为这位妇女所属的种族和阶级不同，而且也因为她有自己的性取向、年龄、宗教信仰、受教育程度、职业、婚姻状况和健康状态。全球女性主义者发展了多元文化女性主义者的深刻见解，他们进一步强调：妇女是第一世界还是第三世界国家的公民、是来自发达工业国家还是发展中国家、是生活在殖民者国家还是被殖民国家，根据这方面的不同，妇女所受的压迫也各不相同。

多元女性主义的主要根源在于文化、种族和民族，而不是在于性、心理和文化。多元文化女性主义反对"女性本质主义"，这种本质主义认为"妇女"这一概念就如柏拉图理念的某种形式，在某种程度上适用于每一位有血有肉的妇女。其次，多元文化女性主义弃绝"女性沙文主义"，这种倾向的表现是，某些妇女凭借她们在种族或阶级等方面的特权，自认为可以代表全体妇女说话。

多元文化女性主义思想与多元文化思潮分不开，在整个19世纪和20世纪前半个世纪，

"逃离、解放和同化"的潮流一直在持续。实际上，第二次世界大战结束之前，大多数来美国的移民都自愿跳进美国这个所谓的大熔炉，追求自由和美好的生活。1909年，伊斯雷尔·赞格威尔在其剧本中首次描述了这个大熔炉：

> 那里躺着她，巨大的熔炉——听哪！你难道没听见轰鸣声和沸腾声？那里，她张开大口——港口，成千上万来自世界各地的饲料船把它们的人体货物投进去。啊，如此喧哗和沸腾！凯尔特人和拉丁人，斯拉夫人和日耳曼人，希腊人和叙利亚人，黑皮肤和黄皮肤……东方和西方，北方和南方，热带棕榈和温带松树，极地和赤道，星月标志和十字架——伟大的炼丹家如何用炼狱之火消融他们！在这里他们将团结一致，建立人的共和国、上帝的王国。……和平、和平，你们这些没有出生的亿万人，注定要来填充这个巨人的大陆。

到20世纪下半叶，来自不同国家的个体融汇成一个全新的民族，从前对立的观点得到拥护：不同群体构成了新的民族，这些群体因为祖先不同而被区别开来，他们多样性的身份却消失不见了。[1]人们开始用"色拉盘"或"拼被"来比喻美国，这些取代了昔日的熔炉比喻，多元文化主义就是在这样的背景下诞生的。

多元文化主义通常被定义成一场"社会知识运动，它提倡多样性价值，以此作为核心原则。它坚持，所有文化群体都应该受到尊重和同等对待"[2]。

在20世纪80年代末和整个90年代，多元文化主义受到很多批评。其中最尖锐的批评集中在一点，多元文化主义被认为有削弱社会团结的倾向。例如，约瑟夫·拉兹是多元文化主义的倡导者，连他自己也向批评者承认："没有深入的团结齐心，一个政治社会就会分崩离析，派系林立，争吵不休；必须有团结，人们才会关心彼此幸福，自愿为他人做出牺牲。没有这种自愿精神，建立和平的政治社会的可能性也就消失殆尽。"[3]

为了支持多元文化主义，捍卫它的人们指出，"主流"的美国人总是认定，"十足的美

---

① 例见安吉拉·伊·戴维斯：《性别、阶级和多元文化主义：反思"种族"政策》，原载《勘测多元文化主义》，1996，第40~48页。

② 布莱恩·J·弗尔斯，弗兰克·C·理查森：《为什么多元文化主义好》，原载《美国心理学》，1996，第609页。

③ 约瑟夫·拉兹：《多元文化主义：自由主义的视角》，原载《异议》，1994，第74页。

国小孩"就是打棒球、吃苹果派、蓝眼金发、皮肤非常白皙的小孩。面对这种典型美国人的速写,那些长相不似"十足美国人"的人们,他们认为自己也是真正的美国人。他们强调或赞美自己的民族本源,并把这些视为自己最本质的要素,这就是他们看起来是"美国人"的独特性。这些捍卫者坚持:"我们应该学会,把我们的'社会'作为多元文化群体构成来看待,而不是从多数民族和少数民族来看待它的结构。"[1]我们没有必要非得在外貌、行为、言谈和思维各方面都一样,才能成为美国人。相反,我们需要的是培养相互包容、尊重及对彼此文化的了解,保证在参与经济市场和政治舞台的竞争时,我们大家都拥有必需的技能和权利。[2]

多元文化女性主义者为之拍手称快,他们拥护多元文化的思想家们对差异的赞美,他们也痛感传统女性主义理论家经常没有能够在差异中作出区分。在先进富裕的西方工业化国家,白种、中产阶级、异性恋、基督徒妇女的状况与其他各种背景下妇女状况不同,传统的女性主义理论家没能辨别这种不同。在《无关紧要的妇女:女性主义思想中的排斥问题》一书中,作者伊丽莎白·斯贝尔曼试图解释为什么会出现这种令人困惑的失误。在她看来,传统女性主义理论家错就错在这一点,他们认为只要既对男人维持妇女的同一,又维持妇女之间的同一,就可以克服对妇女的压迫。斯贝尔曼说,据他们推断,如果所有的人都是同样的,那么所有的人都是平等的,谁也不比谁"优秀"或"低劣"。斯贝尔曼接着说,遗憾的是,传统女性主义理论家没有认识到,否定人的差异和否定人的同一,这都同样有可能造成对人们的压迫。[3]斯贝尔曼特别谈到对妇女的压迫,她就差异和同一作了如下解释:

> 如果有人在妇女之间作区分,然后暗示如此划分出来的某个群体比其他群体更重要、更有人性,或者在某种意义上更好,那么断言妇女之间的差异就有可能起到压迫的作用;然而另一方面,如果有人说,某些人作为一个阶级真实地反映出这个阶级的典型特征,这就是某些妇女唯一的真实典型特征。那么,强调妇女之间的同一并不能保证没有等级划分,因为这样做的结果是,有些不具有这些特征的妇女实际上就不被作为妇女来考虑了。当斯坦顿说妇女应该在非裔、华裔、德裔、爱

---

① 约瑟夫·拉兹:《多元文化主义:自由主义的视角》,原载《异议》,1994,第77页。
② 约瑟夫·拉兹:《多元文化主义:自由主义的视角》,原载《异议》,1994,第78页。
③ 伊丽莎白·斯贝尔曼:《无关紧要的妇女:女性主义思想中的排斥问题》,第11页。

尔兰裔之前获得选举权时，显然，她依据的"妇女"概念是盲目的，这个概念让她看不到许多妇女共有的"妇女特征"。[1]

　　斯贝尔曼敦促当代女性主义理论家抗拒掩盖妇女差异的倾向，不要以为似乎存在着某种"妇女"，所有经历了各自不同生活道路的妇女都将自动融汇到这个"妇女"类别中，在其中彼此的差异都被消解。斯贝尔曼问，为什么黑人就是黑皮肤的白人，无多，无他？为什么不反过来说，高加索白人就是白皮肤的黑人，无多，无他？如果白人男子可以想象自己抗议被简化成白皮肤的黑人，为什么他想象不到黑人也会抗议自己被简化成黑皮肤的白人？白人依然认为，做人就做"白"人，这无疑是最好的人种。是否正因为如此，白人总是以自己作为衡量所有人的金科玉律？

　　斯贝尔曼注意到，传统女性主义理论家阵营中还有许多好心的"思丹朴"，她谈到："如果，像思丹朴一样，我也认为在每个女人内都有一个像我这样的女子，如果我还认定身为白人和身为女人没有差异。那么，把另一位女人'当做女人'来看待时，就涉及这样的看法——我从根本上来说，是把她看做和我同样的妇女。换言之，黑人妇女皮肤下的妇女性是白人妇女的妇女性，拉丁妇女体内深处是等待从文化寿衣里冲出的盎格鲁妇女。"[2]斯贝尔曼说，难怪有这么多的有色人种妇女抗拒传统女性主义思想。一个有效的女性主义理论必需认真对待妇女之间的差异，它不能宣称所有的妇女都"正如我一样"。

　　在美国，有各种类型的女性主义者对"白人"女性主义表示不满。然而，在最早出现的批评声音中，黑人女性主义者最为系统而广泛地表达了不满。诚然，包括非裔美国女性主义者在内的黑人女性主义者，他们针对"白人"女性主义所提出的问题是不同的，他们的关注和如拉丁裔美国人、亚裔美国人、土著美国人女性主义者所关注的问题不相同。然而，他们很好地回应了这些女性主义者和美国其他少数群体妇女（例如，同性恋妇女和残疾妇女）的关注，从而构成了对"白人"女性主义的主要挑战。黑人女性主义者告诉白人女性主义者：有色人种妇女和其他少数群体妇女看待世界的方式不一样，她们的看法不同于白人妇女和其他有特权的妇女，除非"白人"女性主义不再是纯属"白人"的，否则，对于有色人种妇女和其他少数群体妇女来说，这样的女性主义信息就是没有意义的。

---

[1] 伊丽莎白·斯贝尔曼：《无关紧要的妇女：女性主义思想中的排斥问题》，第11~12页。
[2] 伊丽莎白·斯贝尔曼：《无关紧要的妇女：女性主义思想中的排斥问题》，第11~13页。

在黑人女性主义者的核心主张中，一个重要认识是：社会性别、种族和文化，其结构和制度是不可分离的。大多数黑人女性主义者都认为，妇女不可能仅仅只思考她们作为妇女所受的压迫。相反，每一位妇女，或者每一个相对独立的妇女群体，都需要理解她个人的每件事，她的肤色、钱包里的数额、身体状况、与她有亲密关系的一个人或数个人的性别，还有她出生证明上的日期——这些状况如何，对她的从属地位提供了部分解释，正如斯贝尔曼所评论的："并不是好像哪个地方有位女神，她制造了许多相同的'妇女'个体。然后，为了替自己把世界打理整齐，她决定把一些个体放进黑人身体、一些放进白人身体，一些放进17世纪法国的厨娘身体，一些放进英国、以色列和印度首相的身体。"[1]斯贝尔曼的观点显示，恰恰相反，这位"女神"造就了千千万万的妇女，这是一个更加艰巨、更有创造性的过程。

当黑人女性主义者这样告诉白人女性主义者，认为他们需要更加充分地了解黑人妇女生活中的种族歧视、性别歧视和阶级压迫相互交叉时，并非所有白人女性主义者都对美国黑人妇女的"多重危险"[2]作出了恰当回应。一些白人女性主义者的反应与19世纪的伊丽莎白·卡迪·斯坦顿的反应一样。我们可以回想一下，当时斯坦顿坚决主张，必须优先考虑反性别歧视的斗争，这个斗争高于反对其他歧视的斗争之上，包括反对丑陋的种族主义和阶级压迫在内。这些白人女性主义者指责黑人女性主义者，说他们太轻易地原谅了黑人男性的性别歧视罪行，指责他们为自己最直接、最亲近的压迫者鸣冤叫屈。另一些白人女性主义者的反应则过分谦卑，他们发誓在向性别歧视发起攻击之前，先与种族主义（其次是阶级压迫）展开斗争。他们恳求黑人妇女原谅，原谅他们自己的种族主义（和阶级压迫）的原罪。

许多白人女性主义者显然不能理解黑人女性主义者所说的"多重危险"和"互相连锁的压迫制度"这些表达的真正含义，这让贝尔·胡克斯感到非常沮丧和气馁。她毫不含糊地指出，种族歧视、性别歧视和阶级偏见，即便在理论上可以分开，实际上也是不可分的。这些压迫形式中的任何一种都不可能提前被铲除，不可能在与之相连的其他压迫形式被消灭之前寿终正寝。[3]压迫是只多头兽，暂时砍掉其中一个头，马上又有新的头从它

---

① 伊丽莎白·斯贝尔曼：《无关紧要的妇女：女性主义思想中的排斥问题》，第158页。

② 德博拉·金：《多重危险：黑人女性主义意识形态的背景》，原载《女性主义框架》，1993，第220页。

③ 贝尔·胡克斯：《渴望：种族、社会性别和文化政治》，第59页。

臃肿的身体上长出来。要想终结其恐怖统治,必须把它的整个身体作为发起攻击的准确目标。奥德丽·罗德也同样直截了当地说明:"作为49岁的黑人女同性恋者、女性主义者、社会主义者、一男一女两个孩子的母亲、不同种族配偶中的一员",她是太理解"多重危险"这一概念了。因为她经常发现,自己就是"被界定为他者、异常、劣等,或者干脆就是简单地被归之为有问题"[1]的群体中的一员。罗德说,要克服这种边缘性,就不要"把'自我'的某一个侧面剥离出来,以偏概全,把这个侧面当做'一个'有意义的整体"[1],仿佛只要反抗种族主义,或性别歧视,或阶级压迫,或同性恋歧视、残疾歧视(罗德在患乳腺癌切除乳房后,经历了更多的歧视)[2],就可以解决个人的所有问题。相反,克服他者性的方法就是"撤除外部强加的定义局限,把我的所有部分结合为一个整体,让来自我生命存在特殊源泉的力量爆发,让它在我所有不同的自我里自由流动和穿行"[1]。罗德坚定地说,所有的压迫力量包括自己内心的"压迫者因子"[1]都是她的敌人,她与之展开一视同仁的斗争。她唯一优先考虑的事就是创造一个真正人人平等的社会,其中"差异"不是意味着"劣等"而是意味着"独特"。

在胡克斯和罗德分析的基础上,帕特里夏·希尔·柯林斯进一步指出,美国黑人妇女受到的压迫有相互依存的三个方面,它们都被制度化和结构化了。第一,在经济方面,对黑人妇女的压迫把她们强行集中在"服务性行业"[3]。第二,在政治方面,对黑人妇女的压迫拒绝给予她们所有白人男子和许多白人妇女通常享有的权利和特权,包括非常重要的平等受教育权利。[4]第三,在意识形态方面,对黑人妇女的压迫把一套限制自由的"支配性形象"强加给黑人妇女,用来证明和解释白人男子和(一定程度上)白人妇女对待黑人妇女的态度。柯林斯评价说:"从奴隶制时代的黑人保姆、无耻荡妇和下崽妇女,到当前流行文化中的形象——什锦煎饼盒上满脸堆笑的杰迈玛斯大婶、无处不在的黑人妓女和每次必到的福利母亲,这些用在非裔美国妇女身上的负面的刻板形象汇集在一起,构成了压迫黑人妇女的基础。"[5]在柯林斯所做的三方面理论概括中,意识形态这方面的作用比经济和政治两个方面更强大、更有力地维持了对黑人妇女的压迫。她解释说,"没有强大

---

① 奥德丽·罗德:《年龄、种族、阶级和性:妇女重新定义差异》,原载《种族、阶级和社会性别》,1995,第532、539页。

② 奥德丽·罗德:《癌症日记》。

③ 帕特里夏·希尔·柯林斯:《黑人女性主义思潮:知识、意识和赋权政治》,第6页。

④ 帕特里夏·希尔·柯林斯:《黑人女性主义思潮:知识、意识和赋权政治》,第7页。

⑤ 帕特里夏·希尔·柯林斯:《黑人女性主义思潮:知识、意识和赋权政治》,第67页。

的意识形态支持、证明其合理性，种族、阶级和社会性别压迫就不可能继续下去"。她强调说，黑人女性主义者必须努力把非裔美国妇女从"黑人保姆"、"女家长"、接受福利救济者和"丰乳肥臀"这些刻板印象中解放出来。只有在黑人和白人都不再以这些刻板印象来认识黑人妇女时，黑人妇女才能得到解放，成为她们自己。

1989年4月19日，一位年轻白人女性在纽约中央公园跑步锻炼时，遭到一群年轻黑人男子的残忍袭击和强奸。这起袭击案在黑人和白人社群中都引起了震惊。奥马拉德说，的确，考奇市长也谈到："整个城市充满了对这位年轻姑娘不幸遭遇的忧虑和痛苦。"① 由于这是一起黑人强奸白人的事件，不出所料，媒体报道者用"两极对立的种族歧视棱镜瞄准这起罪行"①，他们描述被指控的袭击者如同"野兽"，"他们在公园的举动是野性大发"①。然而事后发现，这些被指控的袭击者都是看上去"很乖"的黑人男孩，他们来自勤劳、虔诚的教徒家庭，他们的罪行也远非那么确定。

奥马拉德说，黑人女性主义者表达了他们的忧虑，他们担心的是被指控强奸了中央公园跑步者的人会被"草率定罪"。尽管如此，他们仍积极地思考着这起案件里的性别偏见和种族偏见意味。奥马拉德承认，黑人男子常常得不到法律的公正对待，但她仍然强调说，黑人男子既是受害者也是施害者，没有谁比黑人妇女更了解这一点。奥马拉德评论说：

> 贫穷、监禁、缺乏教育、遭受鄙视使黑人男子"濒临绝境"，关于这一点，社会科学展开了一场宣传战。案件就在这期间发生。黑人男子这时成了受白人种族主义围攻的英勇的"受害者"，其"濒临绝境的地位"被用来证明他的暴行合情合理。然而，同样是因这些黑人男子而"濒临绝境"的黑人妇女和儿童的痛苦，这一痛苦则被忽略了。

尽管在"中央公园跑步者"案件中，被证明犯有强奸罪的年轻黑人男人来自一个个几乎没有经济、政治和社会权力的社群，而被他们强奸的女人来自拥有所有这些权力的种族和社群，但是，这些黑人男人也来自一种社会性别，这个性别的男人强奸和侮辱自己种族内的妇女就如白人男子谋杀或者判决黑人男子一样，他们的行为也可以免于惩罚。必须谴责所有的强奸行为，无论强奸受害者肤色如何，然而一些黑人反对这一立场。除了性别

---

① 芭芭拉·奥马拉德：《从非裔美国妇女中升起的歌声》，第183~184页。

·122·

歧视,还有什么理念能够解释他们的反对?对那些被控强奸白人女性的男孩们,他们是有罪还是无辜……黑人社群表现出强烈的抗议和愤怒。但是,对每天骚扰和强奸黑人妇女的男孩们,这个社群从来不予关注!除了拒绝承认黑人女性身体有价值之外,还有什么更能解释这一点?[1]

奥马拉德强调,必须正视黑人社群内的性别歧视。到时候了,现在应该把黑人妇女的关注从熔炉后面提到熔炉之前了。无论黑人男性面临的问题有多么严重,黑人女性面临的问题也是同等严重的。

第九节　全球女性主义思想

全球女性主义与多元文化女性主义不同,它关注的中心是殖民主义和国家主义政策及其实践所造成的压迫性后果,还有大政府和大企业如何将世界分割成所谓的第一世界(富有国度)和所谓的第三世界(匮乏国度)。全球女性主义者同意多元文化女性主义者的观点,即女性主义的定义必须扩展,进而把所有压迫妇女的事情包括在女性主义的思考里,不论是基于种族、阶级的压迫还是帝国主义或者殖民主义引起的压迫,女性主义都应该考虑。全球女性主义强调:"世界某一个地方妇女受到压迫,这种压迫常常又被其他地方发生的压迫所影响。在世界各个角落压迫妇女的处境没有得到根除之前,没有任何妇女是自由的。"[2]全球女性主义者致力于消除第三世界妇女和第一世界妇女之间的误解,创造两个世界妇女之间的联盟,他们的目的是要拓宽女性主义思想的范围。

许多第三世界妇女相信,第一世界妇女只是对性问题感兴趣,或者只在乎提出理由证明,性别歧视是妇女所经历的最恶劣的压迫形式。然而,许多第三世界妇女强调,相对于性的问题,她们更为关心的是政治和经济问题。她们还强调,在她们的经验中,她们作为第三世界人民所受的压迫要比她们作为妇女所受的压迫严重得多。为此,许多第三世界的妇女拒绝女性主义者这个称号,她们欣然接受艾丽斯·沃克"妇女主义者"的说法,用

---

① 芭芭拉·奥马拉德:《从非裔美国妇女中升起的歌声》,第189页。
② 夏洛特·本奇:《全球女性主义的视角》,原载《女性主义框架》,第249页。

这个说法替代了前者。沃克这样界定"妇女主义者",它指的是致力于"所有人的完整和生存"的"黑人女性主义者或者有色人种妇女",这里说的所有人,既包括男性也包括女性。①

针对第三世界妇女对女性主义的批评,一些第一世界的女性主义者反驳说,"妇女主义者"极不重视性别歧视,因而损害了妇女。但是,大多数第一世界的女性主义者都非常愿意接受第三世界妇女对女性主义的一些质疑。他们承认,对女性主义者来说,是重新定义"女性主义"的时候了。实际上,有些第一世界女性主义者是如此急于弥补他们过去对第三世界妇女问题的忽视,以至于他们坚持认为,只有第三世界妇女的问题是重要的。他们主张,第一世界妇女应该算算自己有多么幸运,她们应该恳求第三世界妇女原谅,原谅她们在压迫第三世界妇女和男人中所起的帮凶作用。在第一世界人民剥削第三世界人民这方面,不仅男人有罪,第一世界的妇女也同样要担当罪责。②其他第一世界女性主义者认为,第一世界妇女没有必要这么做:为了承认她们在压迫第三世界人民中的作用,就否认她们自己所关注问题的合理性。他们强调,全球女性主义并不是要把第三世界妇女关注的问题凌驾在第一世界妇女关注的问题之上。相反,全球女性主义者希望,来自世界各地的妇女可以聚集在一起,她们能够作为真正平等的人展开对话,尽可能坦诚地讨论彼此间的异同。她们还将以共同努力实现夏洛特·本奇确定的全球女性主义两大长远目标:第一个是妇女拥有自由选择的权利,在家庭内外掌握自己生活的权利,能够控制自己的生活和身体,这是保证每位妇女享有尊严和自主的不可缺少的要素。第二,女性需要通过在国内和国际上创造更加公正的社会经济秩序,消除所有形式的不平等和压迫。这意味着妇女将参与民族解放斗争、参与民族发展计划、参与本土和全球争取社会变革的斗争。③

对于全球女性主义者,个人和政治是一体的。发生在家庭内部,包括卧室里的私人生活,影响着更广大的社会秩序中男人和妇女的关系。妇女的性和生育自由应该与她们在政治和经济上的平等公正同等重要性。社会主义女性主义者埃米莉·吴·亚马斯基的一段话最有力地说明了这一点:"我不可能星期一是亚裔美国人、星期二是女人、星期三是女同

---

① 艾丽斯·沃克:《寻找母亲的花园》,第7页。
② 安·拉索:《"没有生命,我们就无法存在":白人妇女、反种族主义和女性主义》,第304~305页。
③ 夏洛特·本奇:《全球女性主义的视角》,原载《女性主义框架》,第250页。

性恋者、星期四是工人/学生、星期五是政治激进分子,每一天我都是这一切的总和。"①

全球女性主义者强调,每位妇女在自己的个人生活中都面临着各种压迫之间的联系。除此以外,他们还强调,世界各地妇女经历的各种压迫,它们之间都有联系,第一世界女性经历的痛苦和压迫,第三世界的女性也很可能面临同样的问题和处境。对全球女性主义者来说,本土的就是全球的,全球的就是本土的。一个女人在美国所做的事影响全世界妇女的生活。与此对应,全世界妇女的所作所为也同样影响这个美国妇女的生活。本奇解释说:

> 让全球女性主义意识在世界范围内成为一种强大力量,这要求我们让本土的成为全球的、让全球的成为本土的。这个运动不是建立在跨国旅行和国际会议的基础上,尽管这些活动或许也是有益的,它必须立足于活跃在各个地区基层的妇女之间相互联系的意识。对于工业化国家的妇女,这种相互联系必须植根于我们国内斗争的真实性、植根于我们向别人学习的必要性,还有我们为了理解自己的行动在全球范围的意义所作出的努力,而不是基于随意的内疚、屈尊俯就的施舍,以及把我们的模式错误地强加给别人。因此,举例来说,当我们在美国发起斗争、要求取缔某种不安全的节育器具时,我们必须同时责令销毁它,而不是向第三世界妇女倾销该产品。②

尽管全球女性主义者坚持妇女都是相互联系的,但他们同时也提醒妇女,为了理解是什么把她们联结在一起,必须首先明白是什么使她们分离。妇女除非首先认识到她们之间深刻的差异,否则她们就不可能作为真正平等的人一起来解决有关她们的问题。根据奥德丽·罗德的观点,当一个女性主义者走进这样的房间,其中充满来自世界各地的妇女,这时,他也许不想面对自己与她们的差异。强调妇女的"多样性",这对他关于"姊妹情谊"的观念威胁太大了。因此,他尽力使自己的关注集中在妇女的"同一性"上。罗德强调,正是这种行为解释了女性主义者的无能,即他们为什么不能缔造必不可少的联盟,开创更美好的世界。她指出:

---

① 内利·王:《社会主义女性主义:通往自由之桥》,第293页。
② 夏洛特·本奇:《全球女性主义的视角》,原载《女性主义框架》,第251页。

仅仅提倡容忍妇女之间的差异，这是最愚钝的改良主义。它彻底否认了在我们的生活中差异的创造性作用。不是必须容忍差异，不是仅仅容忍而已，我们必须重新看待差异，要把它看成必要的两极对立的资源库，在对立中我们的创造力可以像辩证法一样迸出火花。只有在这时，相互依赖的必要性才会成为没有威胁性的必然。只有在被承认的、平等的不同力量的相互依赖中，才能产生寻求世界上新的生存方式的力量，也才能产生在没有特权的地方展开行动的勇气和维持生命的力量。①

一个女性主义者，仅仅因为他愿意，所以他和与自己完全不同的妇女一起工作——这些妇女遭受的压迫在她们身体、心灵和精神方面所造成的痛苦，也许比这个女性主义者经历过的要严重得多。但是这并不意味着他就应该否定自己。这也不意味着他就应该不发表自己的意见，以免冒犯别人。恰恰相反，拒绝向别人展示自我，这就是说，自己设定了他人还不具备和自己达成和解的能力。"尽管我认为我自己具备了理解他人所需要的一切，但是我怀疑别人是否有这种能力"，以全球女性主义者的观点来看，这种思考方式十足傲慢自大。

在全球女性主义者处理的众多差异中，有这样的倾向：一些妇女强调性别和生育问题，而另一些妇女则侧重于经济和政治问题。1975年，联合国宣布1975—1985年这十年为"妇女十年"，它指示所有成员国在经济、文化、宗教、政治和司法领域给予妇女与男子同样的发展机会。三次国际性的妇女大会标志了"妇女十年"的进程：1975年墨西哥城首次妇女大会、1980年哥本哈根的中期大会、1985年肯尼亚内罗毕为期12天的终期大会，来自140个国家的2000多名代表出席了最后这次大会。此外，将近13000名代表参加了"85论坛"，这是由157个非政府组织构成的松散同盟。虽然全球女性主义者普遍期待这些大会的召开，但是，他们中也有许多人担心由联合国这样的"父权制"组织主办妇女大会，肯定会带来问题。正如鲁宾·摩根所指出的，它必然是替"老大哥"利益服务，而不是为妇女谋利益的。②

---

① 奥德丽·罗德：《姐妹外人》，第111页。
② 鲁宾·摩根：《全球性姐妹情谊》，第35页。

事实表明，在1975—1985年期间举办的每届国际妇女大会上，第一世界妇女与第三世界妇女之间都确实出现了问题。几位出席过这些大会的第一世界妇女评价说，常常是所谓政治问题占据中心地位，而所谓妇女问题被排挤到一边。她们举例说，在墨西哥城举办的妇女大会上，有来自亚洲、拉丁美洲和非洲国家的代表，她们按各自政府的指示，避开与妇女人权有关的问题，仅仅只参与"政治"讨论。在哥本哈根大会上，引起激烈争论的是"犹太复国主义"、"种族歧视"和"西方帝国主义"这些问题。相对而言，在118个参与国中，75个以上国家的妇女的基本权利和妇女被依法剥夺地位的问题很少受到关注。[1]在内罗毕大会及"85论坛"上，"与联合国会员大会上东西争端和南北争端相联系的政治陈词滥调和意识形态激烈演说，再一次主导大会议程"[2]。批评家埃舍尔·罗迪特别提到内罗毕大会和"85论坛"，指出：

> 即便是妇女有权选择在什么时候生孩子和想要几个孩子，这样的议题也没能取得成功。然而这正是第三世界政府和妇女组织必须处理的最重要的问题之一。在大会所在地肯尼亚首都，这个问题也没能成为中心凝聚点，然而就在这个国家，由于男人盲目和不负责任地反对节育，导致了全世界最高的出生率，这又造成了灾难性的社会和经济问题，备受责难的依然是妇女，她们被迫停留在数世纪以来的性别刻板印象里。[3]

据报道，美国代表团团长莫林·里根总结说，内罗毕大会是"一次'政治和意识形态'虚伪的纵欲狂欢"[4]。

全球女性主义者要求这些对联合国国际妇女大会持批评态度的第一世界妇女，希望她们重新考虑这些反对意见。全球女性主义者承认，的确，在这些会议上"老大哥"利用了一些妇女来支持他们的政治目标，其结果非但没有强化反而削弱了妇女的地位。然而全球女性主义者仍然相信，所谓的政治问题和所谓的妇女问题并不是必然对立的。他们还认定女性主义者就应该把妇女问题凌驾在政治问题之上，这是错误的。有时候，正如许

---

① 埃舍尔·罗迪：《歧视妇女：全球妇女经济、教育、社会和政治地位的普查》，第19页。
② 埃舍尔·罗迪：《歧视妇女：全球妇女经济、教育、社会和政治地位的普查》，第19~20页。
③ 埃舍尔·罗迪：《歧视妇女：全球妇女经济、教育、社会和政治地位的普查》，第20页。
④ 安吉拉·基里安：《妇女的平等和民族解放》，第218页。

多第三世界妇女所考虑的,性和生育问题必须服从政治和经济问题。

第三世界妇女的首要关注有助于解释这一点:为什么她们中有些人认为,第一世界妇女妄自尊大、自以为无所不晓,却根本不懂什么是真正的压迫。埃及作家娜娃·艾尔·萨达维尤其对第一世界妇女那种自以为是的理解力提出了批评,她指出:"西方妇女经常去苏丹等国家,目的只是'看'阴蒂环切术,她们从来不注意跨国公司及其剥削劳工的作用。"[①]换言之,第一世界妇女对这一点常常缺乏觉悟:她们自己也在经济和政治上参与了对第三世界妇女(和男人)的压迫。同样,美国妇女愿意参加抗议阴蒂环切术的活动,但她们未必愿意参加抗议跨国公司的活动,后者是付给她或她丈夫大笔工资的。

全球女性主义者强调,对所谓政治问题和所谓妇女问题作出区分,这个区分是虚假的。他们说,这两类问题之间没有界限,相反,它们相辅相成。[②]关于这种联系,全球女性主义者安吉拉·基里安引述了非洲佛得角一位妇女的话,这位妇女曾和其他几位妇女一起邀请她,请她对她们的女儿们谈谈高等教育的重要性:

> 我想让我的女儿参与正在这个国家发生的一切。如果她现在就结婚,她就永远不能参加这些变革。我不想让她跟我一样。我嫁了一个好男人,你知道,佛得角群岛上40%的男人都在欧洲做劳工,我丈夫在荷兰。紧挨这个小屋的那边,我们正在用砖一块一块砌房子,建房用的就是他寄回家的钱。他每两年有一个月的假,可以回家来见他上次造出的娃娃,然后接着再造一个娃娃。我不想让我的女儿过这样的日子。听说计算日历可能防止怀孕,请教我们的姑娘如何算日子,这样她们可以控制怀孕。[②]

基里安评论说,对于这位妇女,问题不是男人压迫妇女,而是不平等的国际劳工制度如何使男人和女人以非常有害的方式来组建家庭关系。基里安说,因此不奇怪,许多第三世界妇女都确信:"把性别歧视从政治、经济和种族问题中分离出来,这是精英们的策略。它也同样是一种工具,它混淆了世界上大多数妇女为之斗争的真正问题。"[②]

许多全球女性主义者坚持认为,一切都是妇女问题,他们每次参加联合国的国际妇

---

① 安吉拉·基里安:《妇女的平等和民族解放》,第224页

② 安吉拉·基里安:《妇女的平等和民族解放》,第229页。

女大会都满怀希望,他们渴望消除所谓的妇女问题和政治问题之间任意武断的界限,希望能够在第一世界和第三世界妇女不同的观察角度之间建立沟通联系。例如,在准备内罗毕大会时,夏洛特·本奇就希望设立广泛的讨论议程,不囿于性和生育问题。她说:"种族主义是一种妇女问题,正如反犹太主义、巴勒斯坦人失去家园、乡村发展、生态环境、女同性恋者受迫害和全球跨国公司的剥削实践一样,这些都是妇女问题。控制的基础包括种族、阶级、宗教、性取向、经济和民族因素,不能仅仅把这种控制视为妇女受社会性别压迫的附加成分。相反,所有这些因素共同造就了那种压迫的特有形式。"[1]

多种压迫形式更清晰的表现是在生育技术方面,没有什么能比传统的生育控制技术(节育、绝育和堕胎)和新的生育辅助技术(子宫内捐赠精子受精和体外受精)更能清晰反映多种压迫形式复杂的相互影响了。这些技术及其与某些技术形式相关的社会安排(如代理母职),它们究竟是解放妇女还是压迫妇女,在很大程度上取决于妇女的阶级、种族、性取向、宗教和民族。例如,几乎所有的美国妇女都关心节育、绝育和堕胎的安全、有效、便捷和实用性。但是,大多数白人中产阶级的异性恋妇女相信,如果没有这些生育控制技术,她们远非如现在这么自由和富裕。

白人中产阶级异性恋妇女大多正面看待生育控制技术,但是,这种观点并非代表所有的美国妇女。通常的情况是,一些怀有种族和阶级(及性别)偏见的美国保健工作者和政治家们利用(或者企图利用)这些生育控制技术,达到他们的优生目的或节省费用的目的。例如,20世纪60年代出现了所谓"120"规定,即只有在女人的年龄乘以她现有子女数目等于或大于120时才能要求绝育,否则她不能采取绝育措施,[2]许多妇科和产科医生都遵照这一规定执业。当那些健康的白人中产阶级已婚妇女也受到约束时,这些养尊处优的妇女被激怒了。她们希望医生采纳更宽松的绝育政策。但这些地位优越的妇女没有意识到,至少在一开始没有意识到:这些产科和妇科医生虽然不愿意给她们这些人施行绝育手术,但同样是这些医生,他们却太乐意给有色人种妇女,尤其是穷苦妇女施行绝育术了。实际上在南方一些州,对贫穷的黑人妇女施行绝育是如此普遍,以至于人们轻蔑地称其为"密西西比割阑尾"[3]。直到最近,一些立法者的做法依然如出一辙,他们在起草政策法规时,把育龄妇女享受福利救济的资格与她们志愿使用节育工具"诺尔扑浪特"结合

---

① 夏洛特·本奇:《联合国内罗毕国际会议》,原载《女士》,1985,第82页。
② 阿黛尔·克拉克:《滥用绝育的微妙形式:生育权利分析》,第198页。
③ 海伦·罗得里戈兹·特瑞斯:《滥用绝育》,第150页。

在一起。在这些立法者看来，除非妇女同意使用这种长期的内置节育器，否则就不能给她及其现有子女以"未成年儿童家庭资助"。

在许多美国有色人种妇女，特别是那些低收入妇女中，上述这类政策和法规引起怀疑，她们怀疑"白人"美国对"黑人"妇女有优生阴谋。其中有些妇女指出，"白人"的美国如此迫不及待地限制黑人人口增长，这个国家是强制性地在黑人和其他有色人种妇女中推行所谓堕胎"选择"、节育"选择"和绝育"选择"。为支持这一论点，她们指出，一些人狂热地反对堕胎，但这部分人也鼓吹要限制或者削减接受福利救济的母亲的补贴数额，尽管这种限制和削减的结果可能导致更多的福利母亲终止妊娠。阿利森·贾格尔认识到，妇女的种族和阶级必然影响到她生育自由的选择范围，她评价说："真正的关于堕胎的选择，它要求的是妇女应该能够选择要孩子，也能够选择堕胎。这意味着必须使孩子的生命权利得到充分保证，要么由社区给愿意抚养孩子的母亲提供帮助，要么提供其他安排，使那些非亲生母亲抚养的孩子不会处于任何严重不利处境。"[1]

如果说，在美国妇女使用生育控制和生育辅助技术方面的情形还不明朗，那么在世界范围这种情形更不明朗。苏联妇女有权堕胎，然而，她们中大多数人被迫经常行使这种权利（妇女一生中平均流产12~14次）。频繁流产的原因在于，虽然节育是合法的，但节育措施却很难得到。[2]

在印度，有通过羊水测试（amniocentesis）鉴定胎儿性别的政策，这同样威胁妇女的生育自由。最初，羊水测试被用以检查胚胎是否有遗传基因异常，而目前在印度，这项技术被普遍用于胎儿性别测试，目的是除掉女性胚胎。这种测试费用很低，据说妇女"需要"它，特别是当她们已经有了一个或多个女儿，因为每个女孩长大后，家庭都要准备置办嫁妆的昂贵费用。

印度女性主义者发起运动，要求禁止性别测定，他们的抗议呼声被听见了，但却产生了相反的效果。一家美国公司在许多第三世界国家设有诊所，该公司发明了一项孕前性别挑选技术。技术人员使用这种方法，将决定男性性别的Y染色体与X染色体分开。目前，他们能够选出含有80%Y染色体的精液，然后注入妇女体内。尽管与胎儿测试及随之而来的堕胎相比，采用这项方法费用要高得多，但它也与前一方法一样，有可能使印度妇女成

---

① 阿利森·贾格尔：《堕胎和妇女决定权》，第357页。
② 摩根：《全球姊妹情谊》。

为"濒临灭绝的种类"。然而许多印度人都觉得,孕前性别挑选比胎儿测试及堕胎更富于"人性"。全球女性主义者玛利亚·玛尔斯,她也是生态女性主义者,玛尔斯反思这种新技术,她谈到:"这个例子清楚表明,性别歧视和种族歧视的意识形态与资本主义盈利的动机紧密交织,选择和淘汰的逻辑建立在明确的经济基础上。父权制和种族主义不仅在伦理方面是不可接受的意识形态,而且,它们也的确意味着生意。"[1]

生育是妇女问题,生产也同样是妇女问题。正如鲁宾·摩根指出的:"妇女是全世界的无产阶级。"[2]尽管在大多数国家,家务劳动在经济活动中占60%~80%,但是家务劳动依然处于不利地位,它是"国民生产总值"中看不见的项目。摩根强调指出,否认妇女从事工作,实属无稽之谈,妇女是全世界几乎所有食品的加工者,世界上大部分的人工运水和运送燃料是由妇女完成的。在大多数国家,手工艺品主要或者全部是妇女劳动的产物,妇女也构成了大多数国家旅游业中占很大比例的业内工人,尤其是在亚洲的性旅游业中(商人来到这些国家,妇女为之提供有偿性服务)。[3]此外,跨国公司把妇女当做廉价劳动力资源使用,他们为男人提供劳动培训,却不为女工提供培训。只要证明有利可图,跨国公司可以随时解雇女工。在农业国家,妇女是流动工和季节工;在工业国家,她们是缺乏稳定职业的临时工。

全世界范围内的妇女都有所谓双重劳动日:在家做8个或者8个小时以上的"隐形"工作(料理家务、照看孩子、服侍老人和病人),在外做8个小时或者8个小时以上的"显形"工作。当妇女抱怨工作太辛苦时,政府和企业的反应通常并不是着手改善妇女的状况。他们告诉操劳过度的妇女辞去工作,只做兼职,或者干脆回家去当全职妈妈,这些策略常常让妇女实际上成为不合格的人,失去重要的晋升和加薪机会。或者情况还会更糟,政府和企业通过法律和制定政策来"保护"妇女,不让她们从事据说是"危险的"高薪工作。这样似乎还不算最糟,更有甚者,政府和企业常常不能理解妇女对"双重劳动日"的抱怨,结果推出荒谬的或者侮辱性的解决办法。例如,古巴的费德尔·卡斯特罗曾经提议:"发廊美发师工作时间延长到夜间,以便减轻妇女梳妆打扮的负担。她们白天上班、晚上在家都需要光彩照人,好扮演迷人的妻子形象。"[4]

---

① 玛利亚·玛尔斯:《新的生育技术:性别歧视和种族歧视意味》,第194页。
② 摩根:《全球姐妹情谊》,第5页。
③ 摩根:《全球姐妹情谊》,第765页。
④ 摩根:《全球姐妹情谊》,第16页。

考虑到妇女工作是何等辛苦,而政府和企业改善妇女处境方面措施何其不力,摩根总结说,这种状况之所以如此,是因为与"老大哥"的利害相关。如果为妇女提供与男子同样的工作和经济保障,那就不能满足"老大哥"的利益。无论"老大哥"生活在第一世界还是第三世界,"位于边缘的女性劳动力都是非常便利的资产:它便宜、随时可以满足需求、容易处理,而且无需顾虑"[1]。在摩根看来,显然,妇女作为生产者所受的压迫与她们作为生育者所受的压迫相比,如果不是更严重的话,至少也是同样严重的。

在第一世界,与男人相比妇女是处于劣势的工人。但是摩根承认,相对于第三世界人民,包括第三世界的男人在内,第一世界妇女依然是具有优势的工人。她也同意这种观点,即第一世界为解决第三世界的经济问题提出的计划——特别是所谓的经济发展战略——经常起到损害第三世界人民,尤其是第三世界妇女的作用。(发展经济战略有助于巩固第一世界在第三世界的权力,然而,对于巩固权力的具体方式,摩根没有做进一步探讨)

玛利亚·玛尔斯详细阐释了第一世界提出的"你们可以赶上我们"的政策,她表明,这些政策更多的是为第一世界的利益服务,而不是为第三世界利益服务的。玛尔斯指出,第一世界经济学家向第三世界人民作出许诺,但是他们压根就没打算实现这些许诺。他们对第三世界人民说,他们也可以达到第一世界人民所享受的同样的生活水平。然而扪心自问,第一世界的经济学家自己就怀疑无穷进步和无限发展这些故事的真实性。[2]例如,在2050年之后,世界人口将膨胀到110亿,认识到这一点,玛尔斯指出:"如果这110亿人人均能源消耗量与20世纪70年代中期美国的人均消耗量相似,那么34~74年里,传统的石油资源将被消耗殆尽。"[3]

由于第一世界已经认识到很难继续维持高标准的生活水平,玛尔斯推论说,无论第一世界给予第三世界何种利益,它都是在榨取成本。明确地说,第一世界把自己负担不起的经济、社会和生态代价转嫁给了他们在第三世界的"伙伴",否则它就会失去第一世界的优势地位,落到与第三世界情形相近的处境。玛尔斯评论说:殖民地和殖民者的关系不是基于对合作关系的权衡,而是建立在殖民者对付殖民地所用的胁迫和暴力的基础之上。这种关系实际上就是积累的中心无限增长的秘密。如果所有的工业生产代价不能在外部获取,如果工业国家必须自己来承担这些代价,也就是说,所有代价都在内部运行,那么

① 摩根:《全球姊妹情谊》,第16页。
② 玛利亚·玛尔斯:《赶超发展的神话》,第58页。
③ 玛利亚·玛尔斯:《赶超发展的神话》,第60页。

无限增长将不可避免地迅速终结。①

玛尔斯强调指出，总而言之，"赶上发展"这个策略是不可行的，其原因有两点：第一，人类只有这么多资源可供分享，而当前资源分布不均、消费不均；第二，为了维持现有的权力，目前"世界殖民秩序"需要保持经济差距，尽管被许诺要消除这个差距。

而且，不但"赶上发展"不可行，在玛尔斯看来，它也不值得向往。玛尔斯认为，就人类关系而言，第一世界的"美好生活"实际上非常糟糕。第一世界的人们忙着赚钱，没有时间彼此相处。人们如此紧张忙碌，逐渐失去了感受自我的能力和生活的终极意义。日复一日的竞争，第一世界的人们疲于奔命，至死方休。他们的子女继承了大笔物质财富，新一轮无意义的劳碌和死亡继续发生。

玛尔斯还强调说，"赶上发展"在第一世界内部也有作用。第一世界给妇女提供了机会，让她们去追赶第一世界的男人。然而，和第三世界人们的情形类似，追寻这种希望既不可行也不值得。首先，自由、平等和自主的承诺是否能够兑现，这取决于社会中谁掌管钱、谁掌握权力。而在第一世界，大部分金钱和权力都还是被男人所控制。在第一世界，妇女要赶上男人，男人必须甘愿与妇女平等地分享所有的社会资源。而在目前，在第一世界的男人中，显然看不到这种意愿。

其次，即使在富足的第一世界，"制度"也只负担得起这么多妇女，让这部分为数有限的妇女得到必需的钱和权力，从而享有与男人同样的自由、平等和自主决定权。既然在目前，第一世界男人并不愿意同第一世界妇女平等享有他们的钱和权力，那么，第一世界妇女获得"解放"最有利的机会多少要取决于对第三世界人民，特别是对第三世界妇女的压迫。玛尔斯解释说："亚洲、非洲和拉丁美洲的妇女被迫为低工资工作，她们得到的工资比富裕国家的人低得多，只有在这时——债务陷阱使之成为可能——富裕国家才能积聚足够的资本，即使是失业妇女也有保障，她们可以拿到最低收入，但是全世界所有失业妇女却不可能得到失业救济。这个制度建立在剥削基础上，在这个世界内，一些人比另一些人有更多的平等。"①

第三，由于钱和权力都是有限物品，自私自利的人类必然要相互争夺。因此，就一般人而言，或者具体就妇女来说，这里都不存在团结一致的伦理基础。玛尔斯列举了以下例证：

---

① 玛利亚·玛尔斯：《赶超发展的神话》，第59页。

对从事出口服装业的第三世界妇女来说，得到较高工资甚至得到相当于工业国家工人的工资，这也许对她们有利。但是如果她们真有这些工资到手，那么北方的工人阶级妇女也许买不起这些衣服，或者买不起她现在购买的这么多衣服。从她这位购买者的利益出发，这些服装的价格必须保持低廉。因此，被世界市场联系在一起的这两类妇女，她们的利益是相互对抗的。①

只要占有物质财富和权力等同于人的幸福，就有竞争和对抗，这将不可避免地导致冲突，甚至战争。不同文化和全球范围内的妇女，她们彼此之间相互敌对，她们也与自己本国的男人敌对。

玛尔斯强调，按照全球女性主义者的观点，第一世界必须放弃其"美好生活"的观念，代之以质而不是量为基础的观念。这里的质，指的是个人关系的质，应该以此取代个人所占有的财产和权力的量的观念。此外，第一世界必须面对物质世界的限制，必须承认，人类只能在限制内生存。只有这样，才能创造出新的世界秩序。在这个新的世界秩序中，像第一世界、第三世界这样的划分是不可理解的。最后，从全球女性主义者的观点来看，妇女应该带头筹划和实施必要的制度、结构、政策和方案，从而推动这种转变。在他们看来，正是妇女，尤其是第三世界妇女，她们比男人，包括第三世界男人更懂得这一点：真正美好的生活不是富裕，不是有权有势。在这个背景下，玛尔斯描述了她的合作者范德娜·史娃在南非"绿色运动"大会的经历：

这里，男性领导人和发言者似乎期待着通过完全融入发展型的世界经济，解决南非的经济和生态问题；与此同时，一直承受着现代化和发展重负的妇女却相当怀疑这一点。一位60岁的妇女说："（政府的）改善计划是把我们推向贫穷深渊的最好计谋，它促进了外出打工制度。"

为了找工作，男人被迫涌向城市；而妇女和老人、孩子一起，她们不得不留在乡村挣扎求存。同时，白人政府摧毁了妇女试图用以维持生存的所有资产和物品，"我们的羊、驴子和其他牲畜都被没收，他们从我们手里强行牵走这些牲口，每头只补偿20美分"。

---

① 玛利亚·玛尔斯：《赶超发展的神话》，第67页。

这位妇女经历了政府所理解的"改善"或者发展带来的矛盾影响。她知道有些人必须不断为这些发展付出代价，她还知道发展的受害者通常都是妇女。因此，对于新的非种族主义的民主南非进一步融入世界市场，这位妇女并不热心。相反，她要求得到的是使她能够独立生存的土地和保证。[①]显然，生产和生育完全一样，也是妇女的问题。

妇女们彼此不一样，她们所考虑的首要问题也不一样，这是全球女性主义的一个宗旨。全球女性主义者的认识还包括：妇女各自经历的压迫形式是独特的，即使处在同样境遇的妇女，她们所经历的这些压迫形式也不一样，它的独特性取决于该妇女何时、何地、如何及与谁在一起生活这些因素。所有这一切表明，要成为全球女性主义者，必须首先成为多元文化女性主义者。

根据玛尔斯和史娃的观点，第一次世界大战以来困扰我们的东—西对抗和我们目前面临的南—北紧张状态，不仅有效结束了"所有社会主义梦想和乌托邦"，而且也结束了建立在共同人性概念基础上的"所有普遍的"意识形态。[②]许多后现代女性主义者坚持认为，相信同一性是欧洲中心主义、自我中心主义和阳具理性中心论。必须解构"同一"，让人们都能成为自己，而不是别人。而且，正如许多环境论者所指出的那样，自然和文化的多样性是维持地球上生命的先决条件，因此必须反对"用美国的可口可乐加快餐的模式来统一文化"，反对"根据利益型企业的要求"去摧毁各种生命形式。[③]

全球女性主义对女性主义提出了巨大挑战，这个挑战在于：如何在差异内部，通过差异及尽管存在差异而依然使妇女联合起来？总体来说，全球女性主义者给妇女提供了两条道路，使她们能够在多样中取得统一。第一世界、第二世界和第三世界的女性应该致力于发展姐妹情谊或友谊，即妇女之间并非真有那么大的差异。如果妇女相互"就差异提出真诚的问题"，那么她们就会看到彼此在寻找同样的东西：那就是自我（"自我身份"、"清晰的自我表达"、"自我实现"、"自我形象"、"成为自己的权利"[④]）。

斯贝尔曼强调，为了发展出适当的全球女性主义理论，必须有更大范围内的妇女参与，大家共同创建理论。

根据亚里士多德的观点，存在着三种类型的友谊：第一，相互有用的人之间的友谊

---

① 玛利亚·玛尔斯：《需要新视野》，第305页。
② 玛尔斯，史娃：《导论：我们为什么合作写这本书》，第10~11页。
③ 玛尔斯，史娃：《导论：我们为什么合作写这本书》，第11页。
④ 摩根：《全球姐妹情谊》，第36页。

（如工作中的同事）；第二，有相同嗜好的人之间的友谊（如酒友和舞伴）；第三，拥有共同的远大目标、任务的人之间的友谊（如饥荒救助人员和反对压迫的妇女）。亚里士多德说，要成为最后一种朋友，就要做"美德上的伴侣和行动中的友人"[①]。也许，全球女性主义者希望拥有的朋友正是这种类型。

第十节　生态女性主义思想

生态女性主义是一种政治与社会运动，是女性运动第三次浪潮中的一个重要流派。它相信对女人的压迫与自然的退化之间存在着某种关系。生态女性主义理论者考虑性别歧视、对自然的控制、种族歧视、物种至上主义、与其他各种社会不平等之间的交互关联性。[②]它可以说是自然的女性主义，既继承了过去的理论，又开拓了新的研究领域。除了致力于社会改革之外，它还把这种政治运动扩大到知识领域，从各种角度研究女性本性和男性本性的差别，探讨女性角色、女性价值，并进而对造成歧视妇女、压迫妇女的父权制进行了全面、深入地分析和批判。[③]

生态女性主义将生态学与女性主义结合在一起。这一思想流派在20世纪70年代出现，在20世纪90年代得到重要发展。关于生态女性主义有这样两种提法：女性主义的生态学和生态学的女性主义。生态女性主义试图寻求一种不与自然分离的文化，并且认为一个生态学家必定会成为女性主义者。生态女性主义是妇女解放运动和生态运动相结合的产物，既是女性主义研究的重要流派之一，也是生态哲学的重要流派之一。它从性别的角度切入生态问题，指出男权统治与人对自然的统治都是根植于以家长制为逻辑的认识之上的，进而进行深入的批判。

生态女性主义在西方国家，尤其是在法国、德国、荷兰和美国的女性运动、环境运动、环境哲学和生态伦理学中，越来越受重视，并有相当大的影响。

20世纪70年代以来，许多女性主义者，特别是生态女性主义者都赞同这样一种观点，

---

① 亚里士多德：《尼各马可伦理学》。
② 薇尔·普鲁姆德：《女性主义与对自然的主宰》。
③《生态女权运动》.中国环境网［引用日期2014-07-10］。

认为环境问题是女性主义要解决的问题之一。世界各地有许多女性成为生态运动的积极分子。在瑞典，她们把用受污染的浆果做成的果酱送给议员，以抗议在森林中使用除草剂；在印度，她们参加"抱树运动"，以保护将被用作燃料的林木；在肯尼亚，她们积极植树，投身于"绿色运动"，以使沙漠变成绿洲；英国的妇女抗议核导弹对地球上生命的威胁；德国的妇女帮助建立绿党，使之作为追求国家及地球的绿色未来的讲坛；1987年，生态女性主义者还召开了纪念《寂静的春天》一书发表25周年的大会，号召妇女投身并引导生态革命，以保护地球的生态系统。

生态女性主义坚持当前全球危机是可以预言的，是男权文化的产物这样一种观点。部分生态女性主义者认为，女性之所以要积极投身环境运动，不仅因为环境污染对妇女损害更大，而且因为女性的本性和生态运动有着特殊的关系。他们认为从较"女性"的视角去看待环境，将有助于解决生态危机。

生态女性主义反对人类中心论和男性中心论，主张改变人统治自然的思想，并认为这一思想来自人统治人的思想。它批评男权/父权的文化价值观，赞美女性本质，但并不完全是本质主义的，它反对那些能够导致剥削、统治、攻击性的价值观。生态女性主义批判男性中心的知识框架，目标是建立一个遵循生态主义与女性主义的原则的乌托邦。[1]

1974年，法国女性主义者弗朗西丝娃·德·奥波妮在《女性主义·毁灭》一文中呼吁女性参与拯救地球的工作时，最先提出了"生态女性主义"这一术语，这标志着西方生态女性主义理论研究的开端。她提出这一术语的目的，是想强调女性在解决全球生态危机中的潜力，号召妇女起来领导一场拯救地球的生态革命，并在人与自然、男性与女性之间建立一种新型的关系。她同时指出：对妇女的压迫与对自然的压迫有着直接的联系。

奥波妮倡导建立一种多元的、复杂的生态文化，以代替"全盘西化"及以追求利益最大化为主导的单一基因文化；她重新解释了人与其他生物、人与自然的关系，把人看成是一种生态存在，重视并致力于保护生态系统，强调与自然的和谐以达到可持续发展；她认为女性与自然的认同是生态女性主义的首要内容。奥波妮将生态运动、女性运动结合起来，致力于建立新的道德价值、社会结构，反对各种形式的歧视，希望通过提倡爱、关怀和公正的伦理价值，尤其是对于社会公正的提倡，最终可以以相互依赖模式取代以往的

---

[1] 薇尔·普鲁姆德：《女性主义与对自然的主宰》。

等级制关系模式。①

　　另一位代表人物麦茜特在她的《自然之死：妇女、生态和科学革命》中描述了一个变化的历史过程。面对当前自然资源被耗尽的危机，现代生态学扎根于有机论，麦茜特所倡导的生态女性主义也是如此。但是，她已经无意于重新确立"自然母亲"的形象，让妇女继续接受由历史派定的养育者的角色，而是要考察妇女与自然相关联的价值，考察现代妇女解放运动和生态运动对传统自然观的冲击，以粉碎旧世界的方式呼唤一个新世界的到来。

　　传统观念认为身体总是不如心灵、精神那么高贵，所以人要比自然更高贵，女性总是要比男性低一等。按照这种统治逻辑，人对自然的支配也就是合理的。麦茜特从这样一个角度来分析，认为对于自然界的支配、压迫和对于女性的支配、压迫在思维框架上是同源的，由此开创了对二元论的批判。②

　　既强调女性主义和生态批评在理论上的相互借鉴，也强调女性解放与生态保护之间在实践上的鱼水关系，这一概念由法国女性主义者弗朗索瓦·德·欧本纳率先提出，后于20世纪80年代形成一种时代思潮，并迎来了20世纪90年代的蓬勃发展。生态女性主义强调女性与自然之间天然的亲密联系，认为女性的受压迫和自然的掠夺背后是几千年来占统治地位的男性中心主义和人类中心主义。通过对这种男权思想的批判，生态女性主义者志在打破这种根深蒂固的等级制二元关系模式，建立一个多元复杂的、人与自然和谐相处的美好世界。③

　　生态女性主义是由女性主义与生态学思想结合产生的。它相信导致压迫与支配女人的社会心态，直接关联到导致滥用地球环境的社会心态。

　　生态女性主义从批判西方现代世界观中的等级二元论及统治逻辑着手，指出这种男性中心、分析性及机械论的"科学"世界观如何造成西方男性同时对自然、女性（及不同族裔等）的压迫，并指出这种种不同的压迫怎样因男性统治/主导的心态纠结在一起，视女性/自然同为他者，以至他们认为解放女性/自然被歧视的运动必须同时被认知及进行。

　　由于这种认识把女性解放和自然的解放紧缚在一起，生态女性主义者遂视尊重自然的前现代世界观中的古老智慧为宝贵的理论资源。前现代的世界观把自然看为整体的有

────────────

① 《生态与性别》. 人民网/中国共产党新闻网 ［引用日期2014-07-10］。

② 卡洛琳·麦茜特：《自然之死：妇女、生态和科学革命》。

③ 《多声部叙事：西方女性主义理论》. 中国社会科学网 ［引用日期2014-07-10］。

机体,承认自然的内在价值,相信人与其他物种、大地的价值是平等的,而且组成一个不可分割的有机整体。

生态女性主义的主要信念有:第一,女性更接近于自然,而男性伦理的基调是对自然的仇视。自然与文化的两分、生理(动物)世界与社会(人类)世界的分离、男女两性的区分,以及跨文化的观点,将女性与自然、繁殖、物质、他者性归为一类,将男性与文化、生产、形式、自我性归为一类。这是西方父权制意识形态的一部分,为贬低和强奸自然和女性寻找合理性。

生态女性主义主张自然世界与女性主义精神的结合,它认为应当建立不与自然分离的文化。尽管生态运动不一定全是女性主义的,但是任何深刻的生态运动,其性别化程度都是令人震惊的。它之所以令人震惊是因为深刻的生态学意识是一种女性意识,或者可以说,生态意识是一种传统的女性意识。生态女性主义者关注着地球上生态的严重破坏,森林消失、空气污染、水源污染,对此感到痛心疾首。他们说:"我们在和自己作对。我们不再感到自己是这个地球的一部分。我们把其他造物视为仇敌,很久以前我们就已放弃了自我。"生态女性主义提出:"对地球的一切形式的强奸,已成为一种隐喻,就像以种种借口强奸女性一样。"

第二,地球上的生命是一个相互联系的网,并无上下高低的等级之分。人们的社会状态是种族分隔、性别分隔的。人们都接受了这样一种世界观,甚至没有感觉到它是一种错误的意识形态。这种世界观认为,存在是分等级的。在这个等级体系中,上帝这类纯精神是最高级的,而生长在地球上的生命是低级的;在所有的生命中,人又是最高级的,以下依次是动物、植物、山、海和沙;在人类当中,白种男性是最高级的,以下才是其他种族和性别的人们。而生态女性主义的一个主要观点就是反对对生命做等级划分。

第三,一个健康的平衡的生态体系,其中包括人与非人在内,都应保持多样化状态。消费市场把人们的文化兴趣搞得千人一面,既浪费资源,又无趣。生态女性主义主张,应当发起一个反集中化的全球运动,既照顾到人们的共同利益,又要反对某些消费形式的统治和强制性,这种强制性实际上是一种暴力形式,而生态女性主义就是这个运动的潜在力量之所在。

第四,物种的幸存使人们看到,重新理解人与自然(自身肉体与非人自然)关系的必要性。这是对自然与文化二元对立理论的挑战。生态女性主义批判二元对立的理论,反对将人与自然分离,将思想与感觉分离。概括地说,生态女性主义所主张的是按照女性主义原则和生态学原则重建人类社会。它强调所有生命的相互依存，将社会压迫与生态统治的模式两相对照。它是对全球环境危机的女性主义回应，主张积极改善女性与环境的状况，并且认为这两项任务是息息相关的。①

生态女性主义者对发展的概念提出质疑，他们认为，发展这个概念是基于西方男权制和资本主义关于经济进步的概念而形成的，以为变革必须走线性发展的道路。从文化角度上讲，这个概念具有局限性，但却被奉为神明，在全世界通用。它不仅带有霸权主义特征，而且与女性运动所强调的基本价值观背道而驰。女性运动的价值是去听取无权者的呼声，尊重差异性；而发展概念不重视个体，不重视社区层面，只是从经济角度评估人类与社会的进步，却不考虑如文化、社会、政治、精神等人类的贡献。他们提出的一个主要观点是：如果两性差别能被考虑在内，发展计划的实施一定会取得巨大进步。经济发展应当顺应女性日常生活的情理，不应当一味追求竞争和侵略的精神。男性和统治制度应当改变自己，应当富有责任感、教养、开放思想，并且最终放弃等级思想。

生态女性主义中最极端的观点是从根本上反对发展，它将发展作为西方男权制的举措加以抨击。生态女性主义者认为，发展一直是个后殖民主义的举措，是全世界对西方殖民主义进步模式的被动接受。发展理论有一个假设，即西方的模式是在全世界普遍适用的，其主要特征是工业化和资本的增殖。然而正如卢森堡所指出的那样，西欧的早期工业发展导致了殖民力量的永久统治和地方自然经济的毁灭。她认为，资本的增殖离不开殖民主义，资本的增殖所带来的是贫困和剥夺。商品化的经济发展还会在新独立的国家制造出国内的"殖民地"。发展于是成为殖民化的继续，它是建立在对女性的剥削或排斥之上的，是建立在对他种文化的剥削之上的。发展会造成女性、自然和处于不利地位的文化的毁灭。正因为如此，第三世界、女性、农民和部落民不断力图从"发展"下争解放，就像从殖民主义统治之下争取解放一样。

生态女性主义指出，发展本身已成为问题。女性的"欠发展"不在于对发展的参与不够，而在于她们付出了代价却没有得到利益。经济增长是新殖民主义，是从最贫困的人们的手中剥夺资源，是国家的精英取代殖民者以国家利益和提高GNP为名在强大技术力量的武装下所进行的剥削。在这一过程中，无论男性还是女性全都贫困化了，女性尤甚。据联合国的调查，在世界范围内将男性和女性加以比较，在接近经济资源、收入和就业等方

---

① 李银河：《我坚决反对活取熊胆》，原载《女人写时评》，第59期。

面,女性的相对地位都有所下降,而工作负担却在增加。女性的相对和绝对健康状况、营养和受教育程度都下降了。他们提请人们关注一个普遍的事实:女性是环境问题的最大受害者。工业化、都市化和货币经济带来了森林、水源和空气的污染,它给女性带来的是直接的伤害。举例言之,女性的家务劳动负担可能会由于环境的恶化而加重。在印度的一些地方,女性用90%的劳动时间做饭,其中80%的劳动时间用于打水和拾柴。由于水源和森林资源的过度开发利用,女性打水和拾柴的地方离家越来越远,致使她们的劳动时间和劳动强度大大增加。

生态女性主义者认为,女性不幸的根源在于,发展是在毁灭自然资源。生产和增长的概念是男权制地球上每个人所消耗的能源相当于役使了50个奴隶,与每人维生所需要的3600卡路里相比,多消耗了20倍的能源,而一个美国人与一个尼日利亚人相比,又多消耗了250倍的奴隶。热力学第二定律警告人们,对能源的一切消费都会在远期威胁人类的生存。这是一场人类长期生存与短期过度生产、过度消费之间的争夺战。它通过将土地、水和森林从女性的掌握和控制中拿走,毁掉了女性的生产活动,同时也毁掉了这些资源。性别统治和男权是最古老的压迫形式,在发展的规划中,它们以新的和更加暴力的形式表现出来。男权制把破坏当做生产,导致了人类的生存危机。他们将被动性视为自然和女性的天性,否定了自然和生命的活动。因此,可以说与现代化进程相伴的是新形式的统治。

生态女性主义者指出,存在着两种不同的生产和两种不同的增长,即良性发展与恶性发展。后者常常被称作"经济增长",它是由GNP来衡量的。著名生态学家波利特曾这样谈到GNP:即使是传统的经济学家也承认,用GNP来衡量进步是无用的。GNP度量所有货币经济中的产品和服务,而其中许多产品和服务并未给人带来利益,而是对做错了多少事的度量。在防止犯罪、防止污染及在官僚机构上增花的钱,也全都计入了GNP的增长之中。因此,GNP的增加不一定意味着财富和福利的增加。有时,GNP的提高标志着真正财富(自然财富和为生活必需品而进行的生产)在急剧下降。

生态女性主义者认为,在恶性发展的过程中女性的价值降低了,原因在于:第一,她们的工作是与自然进程同步的;第二,一般来说,为满足维生需要所做的工作贬值了。女性主义的原则将会改变恶性发展的男权制基础,它所主张的是与生产联系在一起的发展,而不是与破坏联系在一起的发展。发展应当是以人为中心的过程,因为人既是发展的目标，又是发展的工具。[①]

如今，不同的生态女性主义流派有着多种不同观点，但就共同点和统一性来说，各种流派通过对妇女与自然的联系的分析，使妇女参加生态运动成为严肃的大众性的政治活动。生态女性主义的一个基本出发点，是认为生态环境问题的解决与妇女解放是不可分割的，人们不可能只解决其中的一个问题而留下另一个问题。一些生态女性主义理论家提出，人类面临的环境问题和性别不平等，实际上都源于人们在传统中形成的一种思维框架，即先将事物分成对立的双方，它们具有不同等级，进而认为等级高的事物比等级低的事物具有更高的价值，从而等级高的事物对等级低的事物有统治和压迫的权力。而这个世界对自然界的支配和压迫，以及源于对不同性别的支配而产生的性别不平等，也都是这种思维框架的具体表现。[②]

第十一节　女性思想小结

女性主义思潮和女性主义运动深深影响当代女性的一切生活，从教育、婚姻到意识形态。了解女性运动和思潮，才会让女性明白当下生活的来之不易，才会给予女性智慧、冷静的眼睛，让所有女性都生活得明明白白。

女性主义思潮是当今世界一个有较大影响的社会思潮。世界女性主义从一股弱小的政治运动逐渐发展成一种重要的意识形态，从而日益引起人们的关注。它对当今政治思潮和政府决策有着重要的影响。"feminism"这一术语可追溯至19世纪80年代，首次出现在英文杂志上也在这一时期。此后人们开始使用这一术语，但其被广泛使用则是在20世纪60年代以后。它涵义一直处于演变之中，至今仍众说纷纭。在国内到底是译为"女权主义"，还是"女性主义"，意见也未统一。鲍晓兰在其主编的《西方女性主义研究评介》一书中统一使用了"女性主义"这一术语。本章沿用"女性主义"术语，并在最一般的意义上使用它。考察这一思潮，对于我们了解当代国际妇女运动、妇女组织及其相关社会思潮的

---

① 《熊胆与生态女性主义》. 网易女人 ［引用日期2014-07-10］。
② 谭兢嫦，信春鹰：《英汉妇女与法律词汇释义》，第68~76页。

走向,了解世界妇女思想研究的发展及其趋向具有特别的意义。

　　女性主义思潮的产生有其特殊的社会历史背景和思想理论渊源。真正意义上的女性主义思潮和女性主义运动是以资本主义获得一定发展为条件的。大规模的女性主义运动与社会主义运动,都是出现在19世纪中叶。从那时以来,两者都经历了高潮与低潮的交替,而且在许多时期有着相近或相同的遭遇。因此,国际妇女运动和社会主义运动兴起后,在发展过程中的相互影响及相互接近的趋势,为女性主义思潮的产生提供了直接社会背景。

　　西方女性主义鼎盛时期是在20世纪60年代至70年代,但西方学者论述女性问题的著作在此之前就已问世。如果从18世纪思想启蒙时算起,女性主义已产生了200多年。纵观国际妇女运动历史,可把女性主义思潮与女性运动划分为三个历史阶段。

　　第一,19世纪中叶兴起的女性运动被称为第一波国际妇女运动,也叫女性主义运动。它的高潮时期一直延续到20世纪20年代末。这是妇女争取与男子同等的政治法律权利的运动。斗争矛头指向资本主义国家,指向那些将妇女排斥在受教育权、就业权、参政权及其他权利之外的国家法律。值得注意的是,第一次女性运动高潮的时期,大体上也是资本主义国家中社会主义运动蓬勃发展的时期。因此有些国家的妇女运动是与社会主义运动结合在一起的。从20世纪30年代起,国际妇女运动处于沉寂时期。随着资本主义经济出现大萧条,欧美各国对妇女就业的偏见激增。希特勒上台后,疯狂向外扩张,发动第二次世界大战,将一些欧洲国家的妇女组织破坏殆尽。二战结束后,以美国为首的资本主义国家推行反共的“冷战”政策,国际妇女运动与工人运动一样遭到压制。特别是20世纪50年代,反女性运动在美国达到了高潮,妇女参与公共生活遭到强烈反对。

　　第二,20世纪60~70年代的女性主义运动被称为第二波国际妇女运动,它是女性主义运动最有影响和最具成就的时期。这一时期的理论背景和社会政治背景是独特的。1949年法国著名女作家、哲学家西蒙·波伏娃的《第二性》一书出版,震动了知识界。人们把此书誉为“当代西方妇女理论的经典之作”。波伏娃的名言“女人不是天生的,而是变成的”,引导了几代西方女性主义者孜孜不倦地探索女人在不同的历史文化条件下变成不同的女人的过程,为这一时期的女性主义提供了理论依据。

　　第二次国际女性运动于20世纪60年代中期在美国爆发,而后波及西欧及整个资本主义世界。1968—1970年,英国的新女性运动已遍及全国各地,法国更由于1968年的“五月风暴”的洗礼,新女性运动进入了一个新高潮。此外,北欧的丹麦、挪威的新女性运动也蓬勃开展,各种妇女解放组织如雨后春笋。

这次女性运动的目标和范围涉及妇女权益的方方面面,在广度和深度上都超过了第一次女性运动。如果说第一次女性运动致力于争取妇女的普选权等政治法律权利,那么第二次女性运动的斗争则是全方位的,包括政治、经济、教育、文化诸多领域,涉及社会、家庭和学校等诸多方面。而且,第二次女性运动更为激进,它不是在现有制度上通过修改立法使社会改良,而是主张彻底变革社会制度,为妇女解放创造必要条件。

这一时期的女性主义向社会发起全面挑战。在政治上,号召妇女积极参与政治,影响政治权力;在经济上,号召妇女争取工作权利,取得独立的经济地位,争取工资地位等方面与男性平等;在文化上,争取把女性从男性中心的传统社会和文化价值观中彻底解放出来;在历史上,争取社会承认女性同等的贡献。激进女性主义是这一时期的主流。主要代表人物有美国的凯特·米丽特,其《性别政治》一书是激进女性主义最重要的代表作之一。

第三,20世纪80~90年代以后的国际女性运动被称为后现代女性主义。这一时期西方女性主义的主要特点是呈现出五彩缤纷的多元化倾向。原有的女性主义理论受到了前所未有的挑战。挑战主要来自两方面:一是第三世界女性主义的出现,它批判西方女性主义的种族主义倾向;二是"后现代主义"理论对思想界的冲击。

一些西方女性主义者接受了后现代主义理论,把后现代主义当做理解权力关系理论的重要工具,呼唤人们注意女性千差万别的经验。但也有一些比较谨慎的女性主义者认为,后现代主义不可能为女性主义提供理论基础,因为学术新思潮同真正的理论见解是不相同的。尽管有分歧,但从总体来看,后现代女性主义还是这一时期的主流。其主要代表人物和主要著作有麦金侬的《建立女权主义的国家理论》(1989)、巴特勒的《社会性别麻烦》(1990)、哈拉威的《赛勃克宣言》等。

从西方女性主义的历史可以看出,女性主义不是一个完整的思想体系。经历百年发展,它仍然庞大松散,有时还歧义百出。许多现代理论家在讨论西方女性主义理论时,一般不把它当做一个统一的思想整体,而是根据它们的分歧,把它们区分为多种不同流派。

最为常见的几种流派是自由女性主义、马克思主义女性主义、激进女性主义、后现代女性主义等。社会主义女性主义这一术语虽也经常使用,但有许多模糊之处,有时用来描述那些将社会主义目标与女性主义目标相关联的理论。无论是否专门以马克思主义理论为基础,有时社会主义女性主义也包括把马克思主义与激进女性主义综合起来的现代尝试。

　　第一，自由女性主义认为，女性的屈从地位根植于一整套的社会习俗和法律限制。自由女性主义主要著作有英国的玛丽·沃斯通克拉夫特的《妇女权利辩护论》，另外还有一部出自男性作家之手，即穆勒的《论妇女的屈从》。《妇女权利辩护论》被后世称为"第一部女性主义作品"。

　　自由女性主义在许多方面都比我们想象的激进。它对社会经济体制、婚姻和家庭发动了一系列的抨击。[①]但自由女性主义基本上还是社会改良主义，它在承认现有政治、法律体制的前提下寻求法律保护，争取妇女享有参政权、受教育权。女性的不平等地位是妨碍女性进入公共领域并获得成功的重要原因之一。女性和男性一样都具有理性，女性应当与男性享有同等的法律和政治权利。如果说男女理性有差异，那是教育机会不均等的结果。只有在教育机会均等的未来，两性之间才会最终消除心理差异。在过去的几百年间，自由女性主义一直在为妇女的受教育权、就业权、参政权及在法律上与男性完全平等的权利而辩护和斗争。

　　第二，激进女性主义群体中观点的多样性是激进女性主义流派的特点。所有激进女性主义者都特别关注生理性别、社会性别和生育问题，并以此作为女性主义思想发展的论题领域。他们坚持认为女性气质是被男人建构出来的，是为父权制服务的。为了得到解放，妇女应该给女性新的女性的中心意义。为了得到解放，妇女必须跳出异性恋欲的限制，并通过独身、自娱或女同性恋创造出独到的性欲。激进女性主义强调性别压迫的根源在于"父权制"的社会结构和家庭结构，妇女解放的关键在于粉碎"父权制"。它认为男人对女人的家长制权力是人类社会的一种基本权力关系，这一权力关系不仅存在于政治、经济、法律等公共领域，而且还存在于最为亲密的两性关系领域，因而提出"个人的就是政治的"主张，重新界定政治学中的权力概念。有些激进女性主义者走得更远一些，把所有男性都当做"敌人"，把女同性恋、性别分离主义作为唯一可行的女性主义选择。

　　第三，马克思主义女性主义则认为，资本主义和父权制的结合是妇女受压迫的根源。这是因为妇女受压迫起源于私有制的引入，在阶级社会只有少数中产阶级妇女才能受益于自由主义者所倡导的各种权利，大多数妇女解放的关键在于妇女进入有偿劳动市场，在于妇女参与阶级斗争。只有到共产主义社会，妇女受压迫的基础——对男性的经济依赖才能消失，孩子的公共抚养及家务劳动的双方承担才能免除，使妇女能够充分就业。

---

　　① 王政：《女性的崛起：当代美国的女权运动》，第33页。

这一变革是经济发展特殊历史阶段的产物, 仅仅通过寻求正义是不能实现的。在一些具体问题上, 马克思主义女性主义学者还有许多分歧、争论。有些社会主义女性主义者则主张将马克思主义和激进女性主义的精华结合起来。他们赞同激进女性主义所坚持的观点, 即男性权力的无所不在, 以及把生活的一切领域当做政治领域来看待。但他们试图从历史角度看待家长制权力, 特别关注阶级压迫和性别压迫在资本主义社会相互作用的方式。他们在各个层面开展斗争, 有时还包括与男性的合作。与自由女性主义和马克思主义女性主义不同的是, 他们认为保持目前的性别不平等状态至少与男性的短期利益相符。与一些激进女性主义不同的是, 他们认为男性与女性的利益不是永远对立的。

第四, 社会主义女性主义者所说的妇女解放具有多方面的含义, 它不是单一的, 而是整体性的全面的解放。如果说在第一次女性运动中, 女性主义者所理解的妇女解放主要是政治上的解放, 即在国家范围内争取到政治上的权利, 如选举权等等, 那么第二次女性运动中的女性主义者, 特别是社会主义女性主义者, 已经认识到妇女解放不只是政治权利上的解放, 也包括经济领域在内的全面的解放。

第五, 后现代女性主义受后现代主义影响, 试图发展出一套不依赖传统哲学基础的新的社会批判范式。它彻底否定传统女性主义的"男女平等"概念, 强调女性内部的差异。后现代女性主义具体又可分为唯本论后现代女性主义和构成论后现代女性主义。唯本论后现代女性主义继承并修正了传统女性主义理论, 用解构主义作为方法论, 重新讨论女性解放的可能性, 基本上承认男女是两个相互对立的范畴。构成论后现代女性主义以解构主义为目的, 否认男性和女性观念。认为两性平等观是男权思维逻辑的延伸, 不能从本质上认识女性受压迫问题。

2000年10月15日在美国华盛顿举行的、由来自100个国家的2万人参加的全球女性反对贫穷与暴力大游行, 标志着新一代女性革命的复兴。后现代女性主义自出现以来就遭到各种批判, 最尖锐的批判是指向它的后政治倾向。这种批判认为, 过分强调女性内部差异不仅使女性运动丧失斗争目标, 而且会导致女性主义的毁灭。也有一部分学者认为后现代女性主义丰富了女性主义理论, 它实际上为我们提供了一种超文化的方法论。女性主义本身也充满了矛盾。必须欢迎内部差异和对抗的存在。在我们这个已经意识到人的局限性和理论局限性的时代, 承认差异, 接受差异, 较之一味追求"平等"更有利于女性解放。

总而言之, 回顾和审视20世纪60~70年代的女性主义运动的历史, 我们不难看出伴随着妇女解放运动而诞生和发展的西方女性主义批评有其积极的一面。它顺应了国际社会妇女解放运动逐渐深化的趋势，对父权制社会给予了全面、深刻的批判，极大地推动和促进了女性争取独立和解放的实践活动。它的批评、研究成果也有许多创新和拓展之处，为西方文学史研究提供了新的思维模式。但是，女性主义同时也呈现出很大的局限性和偏颇，政治色彩过于浓厚和实践行为太激进，如把婚姻叫做"奴役"、"合法的强奸"和"无偿的劳动"，把所有男性都当做"敌人"，把女同性恋、性别分离主义作为唯一可行的女性主义选择。为此，女性主义在世界上一度声名狼藉。

当代女性主义演进过程中的变革性众所周知，女性主义反对的就是男权压迫，它的终极目标就是寻求独立、平等和个性的解放。然而女性的解放是一个比较复杂和漫长的工程体系。良好和公平的社会制度固然对提高女性的社会地位、争取与男性相平等的社会权益起着很大的决定性作用，可它不是唯一的因素。由此看来，女性的真正解放还取决于其他因素，诸如女性文化教育水平、女性自我意识的强弱等等。女性主义由于策略和实践上的种种偏颇导致了它一度声名险恶，成了"极端主义"和"暴力"的同义词。

女性主义有太扩张、太冲突的感觉，不太被社会所接受。20世纪80年代之后，它已经成了强弩之末，其实践的结果也仅仅是雷声大雨点小。第一，当代女性主义变革最初体现在建立妇女学和社会性别学。妇女学和社会性别学在西方高等学校里不断地发展，是在妇女运动中成长起来的。它受了妇女运动的启发，要来改变男权的文化、制度，也要改变男权的知识结构，清理以前对女性的认知。用流行的话语来讲就是"解构"，就是要把以往的知识清理一番。妇女学从研究来说，是解构知识体系；从教学过程看，它与妇女运动的实践有密切的关系。这一点在美国尤为明显。

美国不是一开始就有妇女学，它是早期女性主义和实践的产物，它从妇女运动也就是西方女性运动中产生。当时很多社会各界的妇女在社会上搞了运动之后，就将运动中的议题带到学校，如争取堕胎权、同工同酬等。在女学生的推动下，有些女教师就开始做了妇女史的研究和教学，然后就推向其他学科。这是女性主义的最初变革。[①]不过，妇女学在大学的兴起并非一帆风顺，它经历了一段坎坷之路。这是因为人们对它还不太了解，存有许多偏见。妇女学的广泛而深远的目标在于推动和维持意识、知识中重大成就的教育策略，这将改变个人、制度、人与人之间的关系，并最终将改变整个社会。它旨在创造建立

---

① 王政：《女性的崛起：当代美国的女权运动》，第16页。

一个既没有性别歧视、种族主义、阶级主义，也没有年龄主义和异性恋主义的理论。

第二，当今女性主义的变革性还表现在它的跨学科性和政治倾向的温和性。后女性主义妇女学和性别学同20世纪60~70年代的女性主义的根本差异，在于它的跨学科性和政治倾向的温和性。其一，跨学科的产生是因为女性主义所涉猎的问题都很宽广，没有任何一个单独的学科可以给出一个比较令人满意的答案。于是，妇女学和社会性别学就将女性置于多种社会范畴，包括国家、地区、种族、阶级、宗教、性倾向来研究妇女问题。这些众多的范畴自然而然涉及许多学科，如哲学、宗教研究、文化与社会人类学、种族与文化、健康研究与政策、历史、人类生物学、法律、语言学、医学、商务、政治学、心理学和社会学等。[1]妇女学的跨学科性使专业教师、学生能够从不同的角度去看待分析问题，去寻求一个比较公正全面的判断和认识，有利于拓宽女性主义思想的研究。

其二，妇女学和性别学的温和性在于它放弃了早期女性主义的偏颇、激进并一味地去颠覆男权的政治主张和实践。它主张通过教育来普及和提高女性的社会性别意识，增强女性的社会性别觉悟，循序渐进地提高妇女的社会地位。女性具有社会性别意识只是有了一种社会性别的敏感性。如果女性再能具备社会性别觉悟，她们便可以在自己的计划中有一种挑战传统的两性结构的战略影响，对社区不平等的社会性别机制才能进行有效地干预。

第三，当今女性主义的变革性还表现在女性主义越来越关注广大社会底层妇女的权益。女性运动虽然是由上层妇女发端，但它仍然给父权制社会、资产阶级意识形态及许多普通男性的观念带来冲击，它揭露了性别歧视的普遍存在，提供了妇女觉醒的一个契机，甚至极大地影响了传统工会、政党和工人运动，把男女在经济和社会各方面的平等，女性的政治权利、节育、堕胎权利、安全避孕、性暴力问题，以及性骚扰如何在职业中用来建立性别等级关系[2]提到大众面前，当越来越多的妇女进入劳动力市场，女性运动所涉及的许多问题，就越来越和广大底层的妇女迫切相关。一切既已争得的权利都是成功和进步，一切还没有争到的权利都将成为目标和方向。它有助于女性运动扩大战果，以及更深刻地触及性别压迫的社会根源。

第四，当今女性主义的变革性还体现在建构和创新社会性别理论。建构在20世纪70

① 王政：《女性的崛起：当代美国的女权运动》，第56页。
② 王政：《女性的崛起：当代美国的女权运动》，第147页。

年代以后的社会性别理论是当今女性主义最具历史意义的理论。自"性别"这个词诞生以后，人类才意识到有史以来任何人类社会都有社会性别。在此以前，人类对性别的认识是无意识的。这个词代表了女性主义在历史发展上的一个过程。在人类社会发展的过程中，通过一系列社会行动，人的身体变成了一种社会性别。这些行动在历史时间中不断更新、更改和巩固。历史学家斯科特在社会性别——历史分析的一个有效范畴中对性别做了一个概括。他认为社会性别是组成以性别差异为基础的社会关系的一个成分，是区分权利关系的基本方式。在这里，他强调了两点：其一，社会性别是社会关系的表现，不是由生理性别决定的；其二，社会性别是权力关系的一种存在方式。这为创新社会性别理论奠定了理论基础。[1]

兴起于美国校园的当代女性学和社会性别学对培养和提高女性的性别意识及对当今女性主义思潮有着巨大的影响力。有关研究结果表明，妇女学课程重视培养学生对多样性和差异性的意识，这在一定程度上培养了许多女性分析大型社会机制的能力。这个社会机制是差异得以根植、强化和确定的原因，也是权力的不平等分配及其持久化的原因。[2]比较早期的女性主义和后女性主义，我们不难发现它们的目标是一致的：争取妇女的解放，追求女性的自我疆界，但它们所采取的策略是不同的。前者代表的是一种自上而下的变革，主张激烈的变革，通过颠覆和消解男权来达到自己的目的；而后者代表的是一种自下而上的改革，通过提高全体女性的社会性别意识和觉悟来实现自己的目标。认识上的不同、理念的偏差是二者之间分歧的根本原因。女性主义从偏激走向温和的变革给我们的启示或许就是我们一定要尽可能全面公正地去审视自己所要采取的行动，对万物都要有一个正确的理念。这对女性主义运动发展的影响是深远和重大的。

国际妇女运动与女性主义思潮凸显了人类社会追求社会公平正义的演进轨迹。一位资深记者在恩格斯晚年这样问他："你认为马克思主义的最基本的信条是什么？"恩格斯回答说是《共产党宣言》中的这句话："每个人的自由发展是一切人的自由发展的条件。"[3]这一政治理想包含了人类的基本政治价值：自由、公平与正义。探寻女性受压迫的根源，人们发现它根植于资本主义和父权制结合的迷雾之中。

国际妇女运动和女性主义反对的就是私有制和男权的压迫，它们的终极目标和深切

---

① 王政：《女性的崛起：当代美国的女权运动》，第16、33、56、89、147页。

② 信春鹰：《妇女与人权》，第95页。

③ 《马克思恩格斯选集》（第4卷），第695页。

愿望就是寻求独立、平等、自由和个性的解放。正因为如此，人类社会追求公平正义的价值理念，成了女性主义思潮演进和发展矢志不渝的目标。尤其是到20世纪末，当人们充分地认识到单纯的经济增长并没有使"国民幸福总值"增加这一事实时，女性主义思潮开始关注女性的日常生活体验，热切关注第三世界妇女的诉求，[①]使女性主义真正从边缘走向中心，促进国际社会更加关注女性问题，把女性贫困、女性发展、女性教育与保健、女性与暴力等有关女性人权的重要问题纳入到世界妇女大会通过的《里约宣言》、《21 世纪议程》、《消除对妇女的暴力行为宣言》、《开罗行动纲领》及《北京宣言》等之中，极大地推动了人类社会的进步和发展，促使女性主义通过理性和温和的方式来解决女性问题，这不能不使女性主义走向和缓、放弃偏激。

女性运动和女性主义思潮为全球化背景下全球治理问题注入了鲜活的内容。经济全球化的快速发展，使得世界各国面临的共同问题，特别是全球问题越来越突出，全球治理应运而生。其中，消除贫困的问题已经使许多国家的政府超越其国界，在地区和全球达成了新的共识。如前所述，造成妇女权利、地位等不平等现象的根源是父权制及由父权制所派生的社会传统文化等等。但深层次的原因则是经济地位的不平等，而贫困是造成这种经济地位不平等的土壤。女性主义和女性运动是为要消除妇女不平等和性别歧视而兴起的，当代女性主义更多的是关注女性的贫困，尤其是发展中国家的妇女贫困、女童生存、教育培训等问题。因此，张扬女性主义旗帜，消除女性贫困问题，尤其是单亲母亲贫困问题，消除性别歧视等对女性的发展、对社会治理乃至全球治理都有着积极的意义。[②]因此，从全球治理的世界眼光来审视女性主义思潮和女性运动，就不会抱有更多的偏见，而会产生更多的包容。

探寻女性运动和女性主义的历史演进的轨迹，对构建社会主义和谐社会具有深刻启示。坚持以人为本、全面、协调和可持续发展，用科学的发展观统领经济社会的全局，构建和谐社会等重要思想，是在认真总结经验教训，科学把握世界格局深刻变化的背景下提出的重要思想。进入21世纪后人们更加注重以人为中心，更加注重女性的发展权和性别权。科学的发展观和构建社会主义和谐社会理念与女性主义思潮的某些合理的思想具有相同之处。如果不重视女性的人权，男性与女性不能和谐共处，那还谈什么和谐社会、

---

① 李银河：《女性权力的崛起》，第78~94页。

② 《生态与性别》．人民网/中国共产党新闻网 ［引用日期2014-07-10］。

和谐世界呢? 更谈不上人类的进步发展。当代女性主义思潮的出发点就是强调以人为中心,强调女性的权利地位,坚持女性在就业、教育、福利及参与政治等方面的平等权利,要求消除困扰女性权利的性别歧视、家庭暴力等背离人性的不公行为。用科学发展观、和谐社会的理念来关照女性主义思潮的种种价值理念,我们难道不会客观地发现女性主义思潮的有益价值吗? 难道不会意识到女性主义对推动当代女性自尊、自立、自信发展的有益作用吗?

当代女性主义政治倾向的温和性趋势,深刻地折射出当今世界和平与发展的时代主题和时代特征。随着世界格局在20世纪末由两极格局向多极化状态发展,尤其是人类社会进入21世纪后,维护和平、谋求发展成为世界人民普遍的强烈愿望。女性运动与女性主义的发展演进,在人类社会发展进程中,交错体现出这种发展的曲折性和复杂性。如前所言,女性主义和女性运动是进入阶级社会之后产生和形成的,由于父权社会的不合理性、女性依附地位的屈从性,女性主义和女性运动的民主意识催生出女性主义在20世纪主要阶段政治、经济、文化上的激进性和斗争性。"暴力"和"极端主义"给女性主义蒙上了偏激的面罩和阴影。

随着21世纪两极格局的消失和多极格局的形成,政治多极化的态势正在消弭传统两极格局的斗争与冲突状态,和平与发展凸显为21世纪人类社会的时代特征,这种特征也同时蕴涵了女性主义政治倾向的多元性和温和性。以倡导教育、增强性别意识、提高女性社会地位、要求消除女性贫困等等女性主义理念和价值取向的思潮,实际已经融入和平与发展这一时代主题之中,对当代女性主义的发展方向影响极大。

第七章　未来的伙伴

第一节　性别的问题

性别意识是人类对男女两性在社会中的关系、地位、价值、权利、责任、使命的一种认识和评价，其核心是两性关系，即从两性关系的角度去观察社会、了解社会，去寻找男女两性的位置和价值。

从人类的发展史来看，人类经历了原始的依靠狩猎的天然经济、依靠劳动力的农业经济和依靠资源的工业经济时代。今天高科技产业化使得人类社会又要向依靠智力的知识经济转化。社会经济的变迁深刻影响着社会其他方面的变化，人类对自身两性关系的认识也经历了从模糊到清晰、从感性到理性、由浅入深的漫长的发展过程。

马克思主义认为，存在决定意识。人类的性别意识也是由社会存在决定的。远古时代的蒙昧人处于原始群状态，只知道自己是自然界的一部分，同大自然的万物一样自生自长，甚至在食不果腹时杀死老人充饥。那时的蒙昧人尚不能把自己与动物区别开来，但男女两性和谐相处，两性关系是一种原始的伙伴关系。这种关系从中国神话里女神同其他男神并存就可以看出来，远古时代人类在两性关系上，拥有朴素的性别平等意识，它是自发的、单纯的、下意识的性别意识，是人类性别意识的初始状态。

人类从远古时代的蒙昧状态进入到以母系血缘关系为纽带的野蛮状态的天然经济时期，女性以其天然属性繁衍着人种，担当着物质生活资料和人口生产的双重任务。"氏人只知其母，不知其父"，丈夫从妻居，子女从妻姓。氏族以母系为中心，事务由女性主持。此时女性受尊崇、被神化，在社会和家庭中都享有极高的权威和地位。这时性别意识的演变，从朴素的性别平等意识演变为第一次性别歧视意识。

这种演变，首先是由生产力水平决定的。这时经济基础是原始共产制，生产资料归氏族所有。生产力水平极为低下，人们只有依靠集体才能生存。就参与社会生产方式而言，人们按男女性别的不同生理特点进行整体性分工，如男性上山打猎获取动物性食物，女性挖掘野菜、采集树种获取植物性食物。由于狩猎工具的落后和野兽的凶猛，男性经常得不到多少猎获物，而女性在采集植物性食物时由于危险性较小等因素，获取的食物较丰富。女性还要对族内事物进行管理，所以女性在生产和生活方面都发挥着较男性重要得多的作用，也就具有了相应的地位。

其次，是由男女两性对社会发展所做的贡献的大小决定的。换句话说，两性中谁的行为结果更能制约人类社会的存在与发展，推动社会前进，谁就会在这个社会中拥有更大的权力。原始社会生育和繁殖是人类群体的最大的需求，因为人类与自然界的动物种类存在着激烈的生存竞争，所以在那时女性的生育权受到高度的重视。人类的认识水平有限，父亲的概念很模糊，生育被看做是孤雌繁殖的事情，女性创造生命力的力量被作为一种神奇的能力和资源。那时女性之所以受到尊重、拥有权威，科学和历史都证实是因为她们对当时社会发展做出了最大的贡献，或者说是妇女在维系和发展人类中，表现出了她们特有的能力的缘故，男性也只有置于女性的统治之下。

随着剩余产品的出现和私有制的形成，以财产继承制为特征的夫权制逐渐取代了以血缘为纽带的母系氏族制。人类社会由天然经济时期发展到了农业经济时期，这是一次重大的社会变迁。男子成为社会生产的主力和家庭财产的主人，女子逐渐沦为家庭财产的组成部分，成为夫权制家庭的活化工具和家奴。男子为控制私有财产把妻子封闭在狭小的家庭生活内。女性脱离了群体、脱离了社会，日益从社会退缩到家庭。从此夫权制获得了充分发展，男权文化日益统治和垄断着社会。世界是男人的，历史是男人的，人世间的一切权益都属于男性。男权文化循环往复，男性人才辈出，男性的智慧一代较一代聪慧，于是男性权威至上。政治是男人的统治，经济是男人的财富，法律是男人的卫士。相形之下女性卑微低下，愚昧软弱。男尊女卑、男主女从、男强女弱的性别歧视便成为这个时代的共识，这是人类性别意识的第二个发展阶段。

发生这次演变的原因在于：第一，妇女推动社会发展的动力和作用逐渐减少了。生产力水平的提高，改变着人们的生产方式，耕田、种地成为生活资料的主要来源。人类的繁衍已达到足够的数量，种族的灭绝也不复堪虑，人们需要以提高物质生产来促进社会发展，并以此来确定自己对社会贡献的大小和地位的高低。这时男性的优势就迅速显示出来，男性体格的魁梧、肌肉的发达和体能上的巨大爆发力，立即使女性在捕猎、耕作等物质生产活动中处于从属地位,男性凭借体能上的优势能够为社会的发展做出远远大于女性的贡献,所以男子依靠自己的能力理所当然地成了社会的主宰。女性自然就处在依附的地位。

第二,女性丧失了参与社会生活的机会和权利。长达数千年的农业经济,是以劳动力对土地的开发和耕种为依托的经济。政治制度实行的是世袭君主制。在这种制度下的妇女头上有神权、政权、族权和夫权四座大山,女性只能"在家从父,既嫁从夫,夫死从子"。由于政治制度和体能上的原因,她们只能退出社会生产,进入家庭,从事家务劳动。远古时代的家务劳动,是一种公共的、为社会所必需的劳动。而这时的家务劳动,已失去了公共的性质,它不再涉及社会了,变成了一种私人的事务。妻子成为主要的家庭女仆,被排斥在社会生产之外。而家务劳动又被认为是不创造价值的劳动,故在家庭中男性也是主宰者。这一时期,社会也创造了大量的束缚女性的清规戒律。如汉武帝时的董仲舒,对两性关系的论述是"凡物必有合,合必有上,必有下"、"君臣、父子、夫妻之义皆取诸阴阳之道。君为阳、臣为阴;父为阳、子为阴;夫为阳、妻为阴"、"阳尊阴卑"。故女性在全社会中处在对男性的屈从地位,男性统治和压迫女性是天经地义的事情,女性只能逆来顺受。

19世纪工业技术革命使人类经济从主要依靠劳动力的农业经济向主要依靠资源的工业经济转变,这是社会发展的必然。历史的这一变迁使人类的性别意识又发生了一次巨大变化,这就是女性从男性的统治下解放出来,并在很大程度上实现了男女平等。工业化大生产的出现又给妇女开辟了一条参加社会生产的途径。恩格斯曾指出,"妇女解放的第一个先决条件就是一切女性重新回到公共劳动中去,而要达到这一点,又要求个体家庭不再成为社会的经济单位",即妇女解放是通过女性进入公共劳动领域来实现的。这个时期,社会经济发展不再依靠女性特有的生殖功能和男性体能的强壮。机器的使用使得许多重体力劳动被机器所代替。男女两性在体力上的差别对于社会生产就不显得那么重要了,以往男性所从事的劳动领域,女性也可以参与进去了。社会不再以男女的生理特点为主要依据进行劳动分工,而代之以技术、技能和知识为标准。这时男女性别的差异淡化了,从而为妇女进入社会生产提供了可能。工业经济时期的性别意识很大程度上实现了男女平等,却不是在短时期内就能实现的,也经历了一个像工业经济社会代替农业经济社会一样漫长的历史过程。就中国的性别意识的改变来看,是从1919年新文化运动开始的。中华人民共和国成立后我国"宪法"明确规定:"中华人民共和国妇女在政治的、经济的、文化的和家庭的生活等各个方面，享有与男子平等的权利，国家保护妇女的权利和利益，实行男女同工同酬，培养和选拔女干部。""婚姻法"规定在婚姻关系方面，实行婚姻自由、一夫一妻、男女平等的婚姻制度，夫妻在家庭中的地位平等。当然，由于种种原因现实生活中的男女两性的社会地位、权益责任平等还有许多不尽如人意的地方。这主要取决于社会生产力的发展和男女两性所具备的知识和技能的状况及他们对社会所做贡献的大小。

未来社会是一个知识经济社会，它是以科学技术为核心，建立在知识、信息的生产、传播和使用之上的。它以智力资源为首要依托，其基础是知识，关键是人才。人才资源在未来经济体系中被看做是最重要的资源。因为只有人才才能获取知识、创造知识、传播知识，并运用知识驱动经济的发展。从人才资源来看，农业经济时期女性并不具备人才资源的优势。从深层次上挖掘根源，如果说农业经济时期女性因体力差而被排斥在劳动之外，工业经济时期因文化低处于择业弱势的话，知识经济时期就需要女性全面提高自身素质。

男性体力强大不再是他们优胜于女性的重要标志，科学研究表明男性比女性智力发展并没有什么明显优势。为适应知识经济的需要，就要使每一位社会成员拥有与知识经济相适应的知识和能力素质，成为推动经济发展的宝贵的人才资源。

妇女和男子一样，不仅是社会存在和变迁的主体，而且是受益者，如果占半数的女性被排斥在社会发展进程之外，就会从深层次上制约社会发展的进程和速度。未来社会的人才资源是不分性别的，对女性人才的培养是人力资本的积累和对人力资源的有效投资。所以，只有妇女全面参与发展，人类社会才能实现真正的可持续发展，人类性别意识才有望完成否定之否定的发展周期，进化成为一种新型的伙伴关系。这种伙伴关系并不是远古时代伙伴关系的复归，而是一种新型的伙伴关系。它要求人们合作并相互尊重。它包含参与、联系，并为大家的共同利益和平而和谐地工作。伙伴关系方式是通过联系而形成一个整体原则，它不同于当今社会占主导地位的强制性的等级服从体制。伙伴关系要求公平合理，意见一致，互惠互利，民主地参与决策，必须积极把人们结为一体。在伙伴关系的环境里，人们感觉自己受到了重视，有真诚的关怀和安全感。真正的伙伴关系导致人人有权利，并有条件实现自我。

第二节　跳出二元论的束缚

通过对女性解放思潮的回顾和对性别故事的探讨，我们不难发现，几乎所有的女性主义者都认识到，二元对立与男性中心的文化体系是束缚女性解放的最大绊脚石。但他们从强调男女平等、反对生物性母职，到欣赏双性同体的人格建构，甚至建议以女性中心替代男性中心的女性解放设想，都陷入了二元论的泥沼，从而无法抵达女性解放的目标。当代生态女性主义者和人类学家吸收了生态学的智慧，借鉴了史前文明的绿色精神，主张遵循生态整体性和生命平等的原则，创立一种消除一切对立、歧视和压迫的新型人际伦理关系——伙伴关系，从而致力于建构和谐平等的绿色生态社会关系模式——伙伴关系模式，以谋求女性乃至整个世界的真正解放。

20世纪的生态女性主义思潮虽然包含了诸多不同流派，但他们都具有共同的努力方向，那就是建构和谐共生的绿色生态世界。卡伦·沃伦创立了女性主义生态伦理，反对自然歧视，重视环境联系，主张多元与包容。卡伦认为父权制概念框架是造成自然歧视和性别歧视的根本原因，而这两种歧视都是错误的；乐于对人类作出新构想，把人类想象为依赖环境的创造者；认同人类本质的双重性，既是精神的、超俗的，也是物质的和世俗的。[①]这种伦理跨越了二元对立的狭隘和对抗，从而支持生命平等，肯定生命系统同根同源、相互依存的关系，遵循生物圈内的平等主义、多样性、共生性原则，为生态绿色世界的构想提供了最坚实的理论指导。此外，绿色世界构想还有一个宽厚博大的精神支撑，即以大地为基础的精神信仰。

斯塔霍克指出，这一信仰有三个核心概念：内在性、互相关联和同情的生活方式。内在性强调，万物都有价值，每一个有意识的存在都有发自内部的力量，精神信仰是行动兴奋剂，激励我们去与潮流抗争，使正在受到毒害和破坏的地球得以痊愈。斯塔霍克强调人与自然的互相联系和同一性。她认为，人与自然不仅在身体而且在精神上都是一体的，与人类结盟反对自然，或者与自然结盟反对人类，都会给世界带来灾难。而其中最重要也最

---

① 卡伦·沃伦：《生态女性主义哲学》，第178页。

能代表妇女生活态度的特征是同情的生活方式，同情使人们互相关心、爱护，而这种爱是广泛的、普遍的。因此，她反对环保主义者对弱势群体的冷漠。她指出，当环保主义者为非洲人和同性恋者的死亡拍手称快时，他们是在与自己有着相同利益的势力结盟，这些相同利益正在杀害有色人种、男同性恋者、妇女和其他弱势群体，这些相同利益也正在毁灭地球的生态系统，暴殄未被开垦的土地。[①]

这三个核心概念完全摒弃了人与自然、男性与女性、强者与弱者的对立，渗透着爱与和谐共生的诗意情怀，将关怀播撒在每一个存在者的身上。卡伦·沃伦和斯塔霍克等人的理论精髓是反对二元对立，具体表现在以下几个方面：一是反歧视，反对人类对自然的歧视，也反对人类内部的歧视；二是反统治，反对人类不同集团间的统治，也反对人类对自然的统治；三是反对抗，主张包容主义和多元共存；四是反自我中心主义和性别优势论；五是提倡尊重、联系与对话，有主体间性的思维倾向。这种精神指导下的社会关系不再有压迫、统治，而走向了伙伴关系社会模式。

美国社会人类学家理安·艾斯勒是这样界定伙伴关系的：伙伴关系要求人们合作并相互尊重。它包含参与、联系，并为大家的共同利益和平而和谐地工作。伙伴关系是通过联系而形成的一个整体的原则，它不同于当今社会占据主导地位的强制性的等级服从体制。伙伴关系要求公平合理，意见一致，互惠互利，民主地参与决策；必须积极地倾听，富有同情心地分担，相互支持，以促进共同兴旺发达。它包容并追求把人们结为一体。在伙伴关系的环境里人们感觉自己受到了重视，有真诚的关怀和安全感。真正的伙伴关系导致人人有权利并有条件实现自我。[②]可见，伙伴关系模式的社会是一种消除压迫和伤害的健康社会，是和谐和平的绿色社会，它具有绿色生态世界的根本性条件、生态整体性概念和尊重生命的态度。

真正的生态社会，不仅是免除了有毒物质和生态灾难的社会，而且也是免除了种族歧视、性别压迫、帝国主义等毒害的社会，是一个免除了统治和等级毒害的、伟大而美丽的绿色世界。[③]可见，普遍联系、多元共存、环保、和平、可持续发展的世界，才是真正的绿色世界。这一论断包含了这样一个前提：生态世界不支持极端女性主义以女权取代父权、以女性压倒男性的未来社会构想。这基于一个人人皆知的道理，即自然既不单是雄性的，

---

① 勃朗特：《治愈创伤：生态女性主义的承诺》，第179页。
② 闵家胤：《阳刚与阴柔的变奏：两性关系和社会模式》，第14页。
③ 何怀宏：《生态伦理：精神资源与哲学基础》，第253页。

也不单是雌性的,它是包含两性的、复杂的、神秘的和多方面的统一体。这种伙伴关系社会模式的建立,无疑是女性、男性乃至整个地球得到彻底拯救的唯一途径。

绿色构想的内在依据是以上帝作为世界主宰的古希腊文化和基督教文化,这两种文化是西方世界的两大文化源头。但如果从自然和女性的立场来审问这两种文化就可发现,人类中心主义和男性中心主义所带来的征服、占有、掠夺、破坏成为了锐利的剑,刺破了其生机勃勃、纯真浪漫和同情博爱的话语神话。而20世纪70年代欧洲考古学上的爆炸性发现,大量欧洲史前史人类文化遗址的出土,更有力地证明:曾经有一种和谐安宁而且创造了辉煌文明的绿色社会存在过;今天西方的文明人只不过是史前蛮族的后代,正是他们的祖先用暴力征服了欧洲,并将历史转向了今天这个充斥着暴力和压迫的男性中心社会。

古希腊优秀种族的故事传递了远古时代的和谐传统,那时,人们和平悠然地与他人、与自然相处,女性受到敬仰和尊重。大量的旧石器时代文化遗迹显示出崇拜女神的宗教信息:女性雕像和表现女性的记号都位于挖掘出来的洞室的中心;相反,男性记号都很有代表性地被排列在女性雕像的周围。卡塔尔·惠雅克、哈希拉及中东远东的其他新石器时代遗址,也表现出与旧石器时代相一致的女神崇拜,并且这种女神崇拜还很好地保存在漫长的历史中,包括犹太基督教的遗产中、《圣经》的朱诺神中、希伯来神秘传统的舍金纳神中、天主教处女玛丽亚即圣母中。[①]让人惊叹的还有,卡塔尔·惠雅克和哈希拉遗址显示出,在1500多年的漫长时间里,这里没有战争破坏的迹象。[②]而且在当时,男性统治和家长制都不是规范的:两性之间的劳动分工已经成为必要,但两性之间还是平等的,就妇女在社会中的作用而言,这是一个平等和明显不是家长制的社会。[③]在这样的社会里,一种对于自然女神——万物及和谐的源泉的热情信仰渗透了全部生活,这种信仰导致了对和平的热爱、对暴政的恐惧和对法律的尊重。[④]人们通常将落后与母系社会联系在一起,而事实上,在处于母系社会的克里特岛米诺斯遗迹中,挖出了许多宏伟的多层宫殿、别墅、农庄、居民区、规划整齐的城市、港口设施、贯穿全岛的公路网、教堂和秩序井然的墓

① 理安·艾斯勒:《圣杯与剑:男女之间的战争》,第8~10、26页。
② J.梅拉特:《卡塔尔·惠雅克》,第53页。
③ M.吉姆巴塔斯:《欧洲的早期文明》,原载《印欧研究论文集》,1980,第17页。
④ 尼古拉斯·普拉东:《克里特》,第148页。

地。①此外，还发现了象形文字、原始直线、直线A、直线B四种笔迹和大量壁画、雕像、花瓶等艺术品。这些文化遗址雄辩地说明，远古女性中心世界的人们不仅生活在一个和谐、和平、两性平等的绿色氛围里，还创造了辉煌的文明。

这与当今社会在思想信仰、理想追求和处世方式等诸多方面都存在根本性差别，两性关系可以恰切地描述为伙伴关系，这时的社会模式就是一种伙伴关系模式。理安·艾斯勒在她的著作《圣杯与剑：男女之间的战争》中提出，构成人类文化表面上多样性的基础是两种基本的社会模式，即统治者的模式和伙伴关系模式。前者是一般所说的父权制或者母权制的社会模式，这种社会将人类的两种性别对立起来，强调对立双方地位的高低；后者则基本上是以联系原则而不是以地位原则为基础的，在这种模式中，承认男女两性之间的差别，但差别不等于劣等或优等。②两种社会模式对权力的看法完全不同：在统治关系的社会里，支配社会的权力以剑作为标志，权力用以征服、压迫他者以谋求自我发展；在伙伴关系的社会里，支配社会的权力以圣杯为标志，权力用以促进协同发展而不是压迫他人。圣杯，在古代欧洲是女性生殖器的象征，也是生命与关爱的象征；剑，则是男性生殖器的象征，也是暴力、杀戮和抢劫的象征。艾斯勒指出，在历史发展的交叉口上，印欧地区的游牧部落库尔干人、闪米特人和雅利安人对西方的母系社会发动了多次大规模武力征战，最终以剑取代了圣杯。从此，尊重生命与和平的绿色天空改变了颜色。

尽管利剑击碎了和平，社会总体秩序已经由统治关系代替了伙伴间平等亲密的合作关系，但尊重生命、整体和谐的精神仍顽强地扎下了根，并在新的历史转折点上重新勃发绿色生机。古希腊养育了人类中心主义，但残存的史前生态智慧还在指引着后人。毕达哥拉斯指出，只要人还在残酷地毁灭低等生命，他就决不会懂得健康与和平。只要人类还大规模地屠杀动物，他们就会相互屠杀。他播种了谋杀和痛苦的种子，就一定不能收获欢乐和爱。③赫拉克利特还提出了万物共一的宇宙观，蕴涵着生态智慧的基本观念和整体性原则。无独有偶，中国传统文化强调天人合一，万物负阴而抱阳，冲气以为和。这种天道宇宙观不仅强调一，还突出了和，即和谐。道家学派主张的返璞归真与西方犬儒学派也有思想共鸣。古罗马时期的西塞罗还强调尊重一切生命，因为动物和人一样，都应当具有生命

① 尼古拉斯·普拉东：《克里特》，第15、148页。
② 理安·艾斯勒：《圣杯与剑：男女之间的战争》，第8~10、26页。
③ Peter Marshall：*Nature is Web*：*An Exploration of Ecological Thinking*，70、412。

的尊严,不应被辱没。[①]18世纪以来,西方的生态思想进一步发展,伟大的生命链、生命网成为十分常见的术语,人们充分认识到,只有尊重生命链上的每一环,爱护生命网上的每一个节点,才能维护自然整体的和谐发展。20世纪的生态伦理学和生态女性主义不仅创立了严明的伦理体系,还走出了理论研究的象牙塔,与生态环保运动、世界和平运动结合起来,对推进环境资源的保护和世界和平产生了积极的影响。历史镌刻了绿色社会的记忆,而今天的生态理论、生态写作和环保行动正在播撒绿色的种子。因此,我们有理由畅想并相信这样的生态世界将在不久的将来重返地球。只要我们能够丢弃文化强加的有色眼镜,欣赏、尊重而分担地面对他人、面对自然,征服欲望就会悄悄退场,和谐、和平的绿色氛围就会渗透到世界的每一个角落。

第三节　和谐思维

社会的和谐源自于关系的和谐。在诸多的社会关系中,两性关系是影响最为普遍的社会关系,对于构建和谐社会具有举足轻重的作用。然而,在人类历史长河中,两性关系绝大多数时间处于一方反对另一方的对立状态中。父权文化以男性统治、男性霸权的姿态漠视女性的权利,父权制从根本上把女性排除在政治、经济权力系统之外。妇女被剥夺了对资源的所有控制权,她们几乎成为一无所有者,必须依附于男性才能生存与发展,妇女成为从属于男性的第二性。女权主义运动却又带着女权主义的色彩声讨男性的过错,认为男女不平等的根源是性别所致,妇女的解放斗争必须直接针对男人的统治,最终目的不仅是消灭男人的特权,而且要消灭性别本身,视男性为妇女解放的对立物。男女两性站在各自的性别立场来看待两性关系问题,缺乏一种公允、中立、客观的态度,这不仅是两性关系认识上的误区,对实现男女两性自由而全面发展也有极大的危害。在构建和谐社会的大背景下,我们有必要换个角度来看待和处理两性关系问题,和谐思维无疑是新时期处理两性关系正确的选择。妇女解放运动的历史经验表明:从两性对立的角度来研究认识现实社会中的男女不平等问题,不仅无助于问题的解决,而且易使妇女解放事业走入误区。

---

① 王诺:《生态文学研究》,第26页。

以和谐思维替代对立思维，建立一种以尊重男女两性的平等人格和包容两性差异为前提的新型两性关系，这种新型的两性关系不仅追求两性基本权利的无差别对待，而且体现了性别公正、互补与合作，体现共赢、共享与共进的价值理念，追求两性和谐与共同发展。和谐思维对于形成新型两性关系，促进男女两性自由而全面地发展具有划时代的意义。

和谐思维是中华民族优秀传统文化的一个重要组成部分，体现着中国传统文化的价值追求和思想精髓。以和谐思维建构新型两性关系，必须从以下几个方面认真把握。

第一，把握整体性、系统性。男性、女性是组成社会的主体要素，性别关系是社会关系体系中重要的关系，两性关系状态不仅影响着其他社会关系的协调，而且影响着社会系统整体的和谐。把握整体性、系统性就是要处理好两性发展的关系，实现女性、男性、社会协调发展。首先是两性的平衡发展。两性的发展是互为条件的、相互依赖的、相互促进的。如果女性得不到发展，男性的全面发展是不可能的，反之也是如此。只有两性都得到发展，即共同发展，才能实现整个社会系统的和谐与发展。二是实现两性和谐发展，即一个性别的发展不仅不会阻碍，而且会促进另一性别的发展。因此，两性和谐发展不仅仅促进女性或男性的发展，也不是以牺牲男性或女性的发展为代价，更不是以女性取代男性成为权力的中心形成新的不和谐，而是要改变不平等的性别关系和性别分工，共同营造两性平等、协调、和谐发展的社会。只有实现了两性的和谐共进，马克思所描述的"每个人的全面而自由发展"[①]的社会形态才有可能实现。三是从社会整体和谐与发展的高度来考虑自身的目标。男女两性不再局限于从自身权益出发和各自的性别视角来看待两性关系，而应当着眼于整个人类社会系统的和谐与发展。只有整个社会系统进步与和谐，两性的和谐发展才具备坚实的基础，女性、男性、社会和谐共进、协调发展的局面才有实现的可能。

第二，摒弃二元对立的思维模式。西方自笛卡儿以来确立的主体与客体、知者与所知之间的二元划分，在启蒙时代进一步泛化为整个世界的二元图式。这种二元的结构规定了世界对立、差异的秩序，如心灵与肉体、主体与客体、理性与情感、文化与自然，并将它们与性别的两分相对应。赋予前者以更高的价值且与男性相联系，赋予后者以更低的价值并与女性相联系。中国传统的性别观念虽然把男女关系一直视为阴阳协调互补的关系，看起来与西方人视两性关系为斗争关系有很大不同。但是，这并没有使中国人摆脱性别问题

---

① 《马克思恩格斯全集》（第23卷），第649页。

上的本质主义立场,仍然把某些特征如理性的、勇猛的、独立的、擅长抽象分析的等归为男性特征,而把感情的、温柔的、依赖的、缺乏抽象思维能力的等归为女性特征,并相应推论出男尊女卑、男高女低、男强女弱、男刚女柔、男主女从、男主外女主内等歧视女性的观念。文化观念上这种对两性的刻板印象,直接诱导人们对一种生物决定论的认肯,认为男女两性在社会活动中表现出的差异的基础,就在于其生理上的差别。二元对立的结果使差别变成等级关系,致使平等、和谐完全不可设想。摒弃二元对立观念,改变基于权力的关系和等级结构,用更具合作性的相互协作方式来取代那种宣扬支配和控制的文化伦理,树立公正、互补、合作、共赢、共享与共进的和谐思维,这是构建和谐两性关系的先决条件。

第三,公正才能和谐。公正首先是一种平等关系,这种平等包括人格上的平等、权利上的平等和财富上的相对平等。和谐的两性关系体现了性别公正这一价值追求。性别公正建立在包括男女的尊严和价值,以及男女权利、机会和责任平等的基础上,并依据一定的价值原则作出权衡和判断,有合理、好、应该如此的含义。公正的权衡和判断在不同的社会领域有不同的公正观。在劳动力市场上,多一点男女机会平等、优胜劣汰是公正的;在公共福利领域,多一点结果平等是公正的;在妇女参政等领域,考虑到历史所造就的差距现状,在一定时期给女性适当的政策性支持,以改变不平等状况是公正的;在社会分工方面,男女共同参与社会经济生活和共担家务的责任平等是公正的;社会根据女性不同于男性的经历和需要,给予女性一些特殊的保护,对女性的历史付出和女性因生育导致对女性发展的影响,给予女性合理的补偿是公正的。其次,公正体现自由,这种关系应该使每个人能够充分行使自己的权利,发挥自己的才能,追求自己的目标。因此,康德、斯宾塞等人认为与正义相联系的最高价值就是自由。在两性发展的问题上,在旧有的性别分工和性别制度下,男人被定位在社会上,女人被局限在家庭中,导致两性无法按照自己的兴趣和根据自己能力充分发展自己的潜能,处于被束缚、被奴役、丧失自由的状态,严重影响男女两性自由而全面的发展。因此,消除传统性别角色观念中陈腐的、反科学的刻板印象,打破传统的性别分工模式,更好地发挥两性的潜能,使两性在和谐共处基础上争取最大限度的自由而全面的发展是性别公正题中应有之义。三是公正是一种合理、平衡、和谐的关系。女性的问题大多源自于歧视女性的性别文化、性别制度导致的女性社会资源和权能的缺乏,性别公正需要消除歧视女性的各种社会文化偏见、性别角色定型和一切不合理的制度,以社会和国家的名义赋权于女性,增能于女性,促进两性在社会资源分配和发展机会等方面的平衡，从而帮助女性自立、自强，缩小与男性间的发展差距，建立平等相待、和谐共处、良性互动、责任共担的两性关系。

第四，尊重差异、包容多样。"和"是以差异的存在为"在"，"和"的前提是多样性的存在。和谐的状态是"和而不同"，和，即和睦相处，共同发展，这个是目的，但"不同"是实现的条件。和谐就是对立的双方在一定条件下达成的多样性一致，差异面的统一。在两性关系中，男人和女人构成和谐的对立面，正是两性差异的存在，成为两性和谐的基础和两性互相依存、共同发展的前提。差异并不是缺点，它体现人的独立和完整，是两性本位属性的外在显现。尊重性别差异，应当不以优劣好坏来评价男女两性的性别特征及气质差异，不以一种性别气质来否定另一种性别气质，而是通过两性差异的共存、比较和交融，形成更加丰富多样的气质，男女两性的生命价值正是从两性差异、个体生命的独特性和丰富性表现出来。尊重差异应凸显两性本位属性，两性之间不是"我"同化"你"，或者"你"同化"我"，而是以"你"的存在凸显"我"。男女平等是在承认个体独特性的前提下女性与男性的具体的平等，这种平等不是女性进入男性领域，用男性标准来要求女性的权益和衡量女性的解放，而是女性以其自身为标准努力做好女人，并从众多不同的方式中找到最适合于自己的方式来获得解放。因此，"和谐"是包容了"异"的"和谐"，而不是排斥"异"的"同一"。和谐思维是一种尊重差异、包容多样的思维。

第五，缔造和谐。两性关系应是一种和谐互动关系，加强对话沟通对于形成和谐的两性关系尤为重要。对话是男女两性在相互尊重、信任、理解的基础上，通过言谈和倾听进行的双向沟通和交流。[1]对话的主体是独立的，对话关系是一种亲密无间、相互理解、彼此信赖的关系。只有相互理解，才能克服主体在自己民族文化环境中形成的偏见。只有相互尊重与对话，才能促使双方心灵世界相互敞开和相互接纳，才能激起双方内心的共鸣，才有利于信任的建立和有效沟通的形成，和谐思维要求我们处置两性关系时做一个积极主动的对话沟通主体，构建密集的沟通互动网络，增加社会信任资本，促进两性合作，为形成和谐互动的两性关系奠定良好基础。

第六，遵循互补合作原则。卢梭认为，大自然在塑造男女两性时也考虑到他们之间的关系，那就是两性之间的互补。世界是由男性和女性共同组成的，两性在人类生存结构中

---

[1] 周一骑，焦观生：《解决两性问题的途径——"对话"通达两性和谐》，原载《思想战线》，2006年第1期，第17页。

的关系是具有内在联系的、相辅相成的和相互依存的互补关系,正是差异形成的互补效应才创造了人类本身、创造了历史。两性关系的和谐思维就是要发挥两性各自特长,通过两性差异互补来寻求整体的最佳结合,这也是人们处理两性矛盾、对待性别差异的正确选择。因此,两性的互补合作是人类社会生存和发展的基础。遵循互补合作原则,在理解两性相关特质的个体差异基础上,打破性别刻板印象,充分认识男女性别角色和关系的互补本质,充分发挥男女两性各自的优势,相互理解,相互支持,相互尊重,相互欣赏,携手共进,才能实现两性关系向伙伴关系模式转变。

第七,树立"共赢"、"共享"的理念。"共赢"是现代社会的核心理念,它以平等的交往主体间的互利合作为基本前提,是处理个人和他人、个人和社会关系的一种公正态度。共赢作为正义原则,这种和谐互动关系决定了处理两性关系的原则。在这种实践思维方式下,实践不再是一种单向度的一个性别对另一性别的征服、支配和占有关系,而是更多地从两性面对的共同利益、共同发展角度来思考。"共赢"思维促使我们更加重视女性与男性间的现实发展差距,确保女性的合法权益,努力消除制约两性和谐共进的一切障碍,在相互理解与支持、相互尊重与信任、差异互补与合作的基础上,实现女性、男性、社会共赢共进,和谐发展。"共享"是现代社会的基本理念之一,也是和谐思维的重要内容。共享本质上是对迄今为止人类所创造的一切物质与精神财富平等拥有权利的要求,是一种倡导人与人之间应该相互关爱、共享美好生活的公共性情怀。社会发展的基本宗旨就是人人共享、普遍受益。正如恩格斯所说的,应当"结束牺牲一些人的利益来满足另一些人需要的状况",使"所有人共同享受大家创造出来的福利","使社会全体成员的才能得到全面的发展"。①总之,参与、合作、交往、互利、共享是现代文明社会的最重要的几个特征所在。女性构成社会主体的一半,共享社会发展成果是每一位女性的基本权利,也是现代文明社会的基本要求。但由于历史的原因,女性在政治、经济、文化、社会等各个领域的权益保障不容乐观,在共享社会发展成果方面与男性尚有较大差距,严重影响女性的发展与两性和谐。共享是保护女性积极性、开发女性潜能、激发全社会创造活力、促进两性和谐共进的前提。因此,在政治、经济、文化和社会各领域的立法、政策或项目计划中贯彻落实平等共享理念,消除歧视与偏见,使女性和男性能平等受益是构建和谐两性关

---

① 李德周,杜婕:《共赢——一种全球化进程中的建设性思维方式》,原载《人文杂志》,2002年第5期。

系的必然要求。

　　第八，承认矛盾，正确处理矛盾。形成和确立和谐思维，首先必须承认矛盾的客观存在。和谐思维并不回避矛盾，而是把"和谐"作为处理矛盾、化解矛盾的一种方法，寻求对立面的协调和平衡，促进双方彼此互动、理解、信任，营造矛盾同一性（和谐）的实现条件。当今社会仍然大量充斥着歧视女性的父权文化偏见，性别和谐赖以形成的环境尚未具备，在许多领域性别关系呈现不同程度不平等和对立矛盾现象。正视性别矛盾的客观存在，主动转变观念，以先进性别文化武装头脑，积极营造有利于化解性别矛盾、缔造两性和谐的环境，这无疑是文明社会男女两性正确的抉择。和谐思维并不是只讲同一性不讲斗争性。和谐与斗争作为解决矛盾的手段，采取哪种形式或以哪种形式为主，主要依据矛盾本身的性质及其所处的具体历史条件。在一种条件下，矛盾解决的和谐形式是主要的，在另一种情况下，矛盾解决的斗争形式是主要的。性别矛盾的解决一般以和谐形式为主，但对传统的歧视女性的父权文化、制度残余及其社会现象不排除用斗争的形式。但无论以和谐的手段还是以斗争的手段，都是为了达到化不和谐为新的、更高起点和谐的目标。矛盾既是和谐产生的条件，也是和谐发展的内在动力。也正因为两性间矛盾的存在，矛盾既对立又统一，从不和谐—和谐—新的不和谐，再到实现更高层次的和谐，和谐就是在这样的矛盾运动过程中动态地实现的。因此，和谐思维是利用矛盾的对立统一运动实现女性、男性、社会共同发展的动态和谐，体现了目标与过程的统一。

　　第九，主体的和谐发展。社会的和谐首先应该是实践的主体——女性与男性自身及其关系的和谐发展。因此，强调主体的和谐发展是和谐思维的灵魂。主体的和谐发展主要表现为主体自我的和谐，包括自我身心的和谐、主体能力发展与创造力的发挥、自我需要的满足和自我实现等。首先是提升道德人格，促进身心和谐。道德人格是人的自我统一，是人的自我身心和谐的表现，是社会主体和谐发展的基本要求。健全的道德人格包括责任意识、自律意识、宽容意识。两性对社会的和谐负有同等的道德责任，这种责任包括对自然的道德责任、对社会的道德责任及对自我实现和发展的道德责任。长期落后的社会性别分工模式，导致女性在公共领域参与和发展的不足，女性的主体意识和社会责任感相对淡薄。因此，营造有利于女性与男性共同参与社会生活创造的环境，唤醒妇女作为社会主体的主体意识和责任意识，树立自尊、自信、自立、自强的精神，在经济生活、社会生活、政治生活等一切领域，自觉、自信而勇敢地进入与男子平等的主体角色，承担同等的责任和义务，这对于健全两性的道德人格、促进身心和谐具有重要意义。自律精神是道德的精髓。培养并形成人们心灵内在的秩序与和谐,强化作为公民主体的法治意识,遵守法律并勇于维护法律正义与尊严成为男女两性健全道德人格的重要内容。宽容意识作为一种美德,是健全道德人格的基本要求。社会分工的不断细化、社会思想的多元化、社会生活领域的扩大化,使得人们生活方式和价值观念的差异越来越大,加上两性固有的和历史形成的差异,这就要求两性以宽容的心态尊重差异,包容他者,让多样的个性、丰富的性别气质共存,在社会互动交往过程中相互激发,从而形成两性之间、人与人之间差异互补、和谐有序、充满活力的关系。二是主体能力发展与创造力的发挥。在人的基本需求得到普遍满足的现代社会,人的更重要、更高层次的需求,就是充分发挥人的潜能和创造性以确认自身的存在和社会价值,即人的自我实现的需要。增加全社会人力资本的投资,有效提升社会主体的素质与能力,充分开发和发挥社会主体的劳动能力、管理才能、知识技能和创造力,是实现社会主体全面发展的有效途径。由于历史的原因,女性相对男性参与经济建设和社会发展,参与国家和社会事务管理的程度还很不够,女性人力资源的巨大潜能还未充分开发。开发人类另一半女性人力资源,提高女性的主体性、积极性、创造性是增强全社会的创造活力、促进社会主体和谐与发展的前提。三是主体的和谐发展必须坚持以人为本。以人为本是和谐思维考虑问题的出发点与侧重点,是和谐思维必须坚持的原则和标准。人是推动社会发展的主体,又是社会发展的目的。和谐发展的一个重要原则就是一切为了人,和谐发展的最终目标是为了满足人的需要、提高人的素质、实现人的价值、促进人的全面发展。和谐发展的最终状态是人的自由、和谐和全面发展。可见,以人为本是和谐发展的本质属性,是两性关系和谐思维的出发点和落脚点。总之,在性别关系问题上,不同的思维方式必然导致不同的主体行为和不一样的关系状态。构建社会主义和谐社会的目标对当代中国妇女解放运动的理念和思维方式提出进一步调整的要求。跳出传统的认识误区和思维定势,以和谐思维替代对立的思维,树立以人为本、公平公正、差异互补和共赢共享共进的价值理念,这无疑是新时期处理两性关系正确的抉择,也是对男女平等基本国策的本质理解和最佳贯彻。

参考文献

[1] 埃德温·奥利佛·詹姆斯. 史前时代的宗教. 纽约: 巴恩斯和诺布尔出版社, 1957.

[2] 理安·艾斯勒. 圣杯与剑: 我们的历史, 我们的未来. 北京: 社会科学文献出版社, 2009.

[3] 袁曦临. 潘多拉的盒子: 女性意识的觉醒. 上海: 上海译文出版社, 2005.

[4] 玛格丽特·沃特斯. 女权主义简史. 北京: 外语教学与研究出版社, 2013.

[5] 孟德斯鸠. 论法的精神(上册). 北京: 商务印书馆, 1982.

[6] G. 勒诺特尔. 法国历史轶闻. 北京: 北京出版社, 1985.

[7] 刘显娅. 18世纪法国女权运动的兴起. 常德师范学院院报, 1999, 24(5).

[8] 恩格斯. 家庭、私有制和国家的起源. 北京: 人民出版社, 1972.

[9] 西蒙娜·德·波伏娃. 第二性. 陶铁柱译. 北京: 中国书籍出版社, 1998.

[10] 萨拉·B. 波默罗伊. 女神、娼妓、妻子和奴隶: 古典时期的女性. 纽约: 萧肯出版社, 1975.

[11] 威尔·杜兰特. 希腊生活. 纽约: 西蒙与舒斯特公司, 1939.

[12] 西蒙娜·德·波伏娃. 生命的华章. 彼得·格林译. 伦敦哈芒斯沃斯: 企鹅图书, 1965.

[13] 帕特里夏·希尔·柯林斯. 黑人女性主义思潮: 知识、意识和赋权政治. 波士顿: 海曼·昂温, 1990.

[14] 芭芭拉·奥马拉德. 从非裔美国妇女中升起的歌声. 纽约: 劳特里奇出版社, 1994.

[15] 艾丽斯·沃克. 寻找母亲的花园. 纽约: 哈考特–布雷斯–朱万诺维奇出版公司, 1983.

[16] 奥德丽·罗德. 姐妹外人. 纽约: 穿越出版社, 1984.

[17] 薇尔·普鲁姆德. 女性主义与对自然的主宰. 杨通进主编. 马天杰, 李丽丽译. 重庆: 重庆出版社, 2007.

[18] 闵家胤. 阳刚与阴柔的变奏: 两性关系和社会模式. 北京: 中国社会科学出版社,

1995.

[19] 何怀宏. 生态伦理: 精神资源与哲学基础. 保定: 河北大学出版社, 2002.

[20] J. 梅拉特. 卡塔尔·惠雅克. 纽约: 麦格劳-希尔公司, 1967.

[21] M. 吉姆巴塔斯. 欧洲的早期文明. 印欧研究论文集. 加利福尼亚大学出版社, 1980.

[22] 尼古拉斯·普拉东. 克里特. 内格尔出版社, 1966.

[23] 王诺. 生态文学研究. 北京: 北京大学出版社, 2003.

[24] 马克思恩格斯全集 (第23卷). 北京: 人民出版社, 1995.

[25] 周一骑, 焦观生. 解决两性问题的途径——"对话"通达两性和谐. 思想战线, 2006
(1).

[26] 李德周, 杜婕. 共赢———种全球化进程中的建设性思维方式. 人文杂志, 2002 (5).

[27] 简·奥斯汀. 傲慢与偏见. 北京: 外文出版社, 2008.

[28] 张爱玲. 倾城之恋. 北京: 作家出版社, 2008.

[29] 杨世宇. 试析《傲慢与偏见》中透露出的社会现象. 濮阳职业技术学院学报, 2008
(4).

[30] 庄超颖. 时代的负荷者. 泉州师范学院学报: 社会科学, 2008, 30.

[31] 田玉霞. 论奥斯汀和张爱玲小说中的父亲形象的缺失. 文学教育, 2008 (16).

[32] 寿静心. 女性文学的革命. 北京: 中国社会科学出版社, 2007.

[33] 杨世宇. 试析《傲慢与偏见》中透露出的社会现象. 濮阳职业技术学院学报, 2008, 21
(4).

[34] 黄嵘. 女性主义视野下的傲慢与偏见. 南昌高专学报, 2007, 4.

[35] 鲍晓兰. 西方女性主义研究评介. 北京: 三联书店, 1995.

[36] 谭兢嫦, 信春鹰. 英汉妇女与法律词汇释义. 北京: 对外翻译出版公司, 1995.

[37] 王政. 女性的崛起: 当代美国的女权运动. 北京: 当代中国出版社, 1995.

[38] 信春鹰. 妇女与人权. 吉林: 吉林大学出版社, 1966.

[39] 李银河. 女性权力的崛起. 北京: 中国社会科学出版社, 1996.

[40] Peter Marshall. *Nature is Web: An Exploration of Ecological Thinking*. New York :
Simon & Schuster Ltd. , 1992.

[41] Jane Austen. *Pride and Prejudice*. Beijing: Foreign Language Teaching and Research
Press, 2008.